Die kleinen Lerndrachen
Klett

W0301089

200 Grammatikübungen wie in der Schule

Deutsch 1.–4. Klasse

von

Ursula Lassert
Hannelore Maier
Andreas Schneider
Kirsten Usemann

Klett Lerntraining

Von den Autoren stammen die Grammatikübungen mit folgender Nummerierung:

Ursula Lassert:	1–16, 18/19, 21, 23–26, 28–30, 34–36, 39, 41/42, 46–48, 50, 52, 55–58, 60–66, 68/69, 71–77, 79–93, 97/98, 100–102, 105, 107–132, 134, 136/137, 139–144, 146, 148/149, 151, 153/154, 156–161, 165, 172–177, 179–184, 186–188, 191–195, 197–199
Hannelore Maier:	67, 70, 94, 99, 103/104, 147, 152, 162, 164, 166–168, 185, 189/190, 196
Andreas Schneider:	17, 20, 22, 27, 31–33, 37/38, 40, 43–45, 49, 51, 53/54
Kirsten Usemann:	59, 78, 95/96, 106, 133, 135, 138, 145, 150, 155, 163, 169–171, 178, 200
Eltern- und Schülertipps:	Wilfried Kinner, Ursula Lassert, Kirsten Usemann, Karl-Wolfgang Walther

Bibliografische Information der Deutschen Nationalbibliothek
Die Deutsche Nationalbibliothek verzeichnet diese Publikation in der Deutschen Nationalbibliografie; detaillierte bibliografische Daten sind im Internet über http://dnb.dnb.de abrufbar.

Das Werk und seine Teile sind urheberrechtlich geschützt. Jede Nutzung in anderen als den gesetzlich zugelassenen Fällen bedarf der vorherigen schriftlichen Einwilligung des Verlages. Hinweis zu §52a UrhG: Weder das Werk noch seine Teile dürfen ohne eine solche Einwilligung eingescannt und in ein Netzwerk eingestellt werden. Dies gilt auch für Intranets von Schulen und sonstigen Bildungseinrichtungen.

1. Auflage 2016

Dieses Werk folgt der neuesten Rechtschreibung und Zeichensetzung.

© PONS GmbH, Stöckachstraße 11, Stuttgart 2016. Alle Rechte vorbehalten.
www.klett-lerntraining.de

Teamleitung Grundschule und Kinderbuch: Susanne Schulz
Lektorat: Karin Haller, Stuttgart
Umschlagfoto: www.thomas-weccard.de
Umschlag- und Innengestaltung: Sabine Kaufmann, Stuttgart
Umschlagillustration und Leitfiguren: Thomas Thiemeyer, Stuttgart
Illustrationen: Andrea Büdinger, München: S. 43; Udo Clormann, Wiesbaden: S. 34; double-u, Bad Soden: S. 39, 42, 49, 58, 59, 69, 96, 145, 167; Steffen Jähde, Sundhagen: S. 112, 142, 146; Ursula Lassert, Düsseldorf: S. 26; Michael Luz, Stuttgart: S. 182; Sven Palmowski, Barcelona: S. 50, 88, 93, 104, 146, 133; Johanna Rohrmoser, Frankfurt a. M.: S. 39, 42, 49, 58, 59, 69, 101, 145
Satz: tebitron GmbH, Gerlingen
Druck: medienhaus Plump GmbH, Rheinbreitbach
Printed in Germany
ISBN 978-3-12-949338-0

9 783129 493380

Vorwort 11

Elterntipps zum Thema „Grammatik üben“

Der Grammatik-Unterricht in der Schule 12
Grammatik üben – so fördern Sie Ihr Kind richtig 14

Schülertipps zum Thema „Grammatik üben“

Wichtige Begriffe, die du kennen solltest 21
So beherrschst du jede Grammatikübung 22

Grammatikübungen für die 1. Klasse

Wörter

1	**Was gehört dir?**	Namenwörter	26
2	**Rate mal!**	Namenwörter	27
3	**Sieben Freunde**	Namenwörter und ihre Begleiter	28
4	**Kannst du das?**	Namenwörter und ihre Begleiter	29
5	**Immer in Begleitung**	Namenwörter und ihre Begleiter	30
6	**Juhu! Pause!**	Tunwörter	31
7	**Was machst du?**	Tunwörter	32
8	**Hart oder weich?**	Wiewörter	33
9	**Leicht oder schwer?**	Wiewörter	33
10	**Wo sind sie?**	Verhältniswörter	34

Wortbildung

11	**Wörterschlange**	Wörter finden	35
12	**Sprich laut**	Silben zusammensetzen	35

Sätze

13	**Was können die Tiere?**	Sätze bilden	36
14	**Mein Auto**	Sätze bilden	36
15	**Der Malwettbewerb**	Sätze bilden	37

Grammatikübungen für die 2. Klasse

Wörter

16	**Die Rolltreppe**	Namenwörter	38
17	**Opa und seine Enkel**	Namenwörter	39
18	**Pflanze oder Tier?**	Namenwörter	40
19	**Tierliebe**	Namenwörter und ihre Begleiter	41
20	**Erkennst du sie?**	Namenwörter und ihre Begleiter	42
21	**Und noch mehr Tiere**	Namenwörter und ihre Begleiter	43
22	**In der Wohnung**	Namenwörter und ihre Begleiter	43
23	**Am Schreibtisch**	Einzahl und Mehrzahl	44
24	**Und wenn es mehrere sind?**	Einzahl und Mehrzahl	44
25	**Klassenausflug der 2b**	Tunwörter	45
26	**Was machen die Kinder?**	Tunwörter	46
27	**Leichtes Spiel**	verschiedene Formen der Tunwörter	47
28	**Ich und du ...**	verschiedene Formen der Tunwörter	48
29	**Die dritte Person**	verschiedene Formen der Tunwörter	48
30	**Im Kaufhaus**	Wiewörter	49
31	**Weißt du das?**	Wiewörter	49
32	**Welche Farbe passt?**	Wiewörter	50
33	**Wie heißt es richtig?**	verschiedene Formen der Wiewörter	51
34	**Lustig oder wild?**	verschiedene Formen der Wiewörter	52
35	**Hoch – höher**	verschiedene Formen der Wiewörter	52
36	**Zum Knobeln**	Wiewörter zur genauen Beschreibung	53
37	**Im Gegenteil!**	Wiewörter zur genauen Beschreibung	53

Wortbildung

38	**Endlos-Satz**	Wortgrenzen finden	54
39	**Auf dem Bauernhof**	Silben	55
40	**Zusammengesetzt**	Silben	56
41	**Eins und zwei**	Silben	56

42	**Der Umzug**	zusammengesetzte Namenwörter	57
43	**Lecker, lecker**	zusammengesetzte Namenwörter	58
44	**Rätselraten**	zusammengesetzte Namenwörter	59
45	**Gibt es das wirklich?**	zusammengesetzte Namenwörter	59
46	**Im Zwergenland**	die Nachsilben -chen und -lein	60
47	**Kennst du auch „umfahren“?**	Vorsilben	61
48	**Achtung, nicht verrutschen!**	Vorsilben	62
49	**Schenken macht Spaß**	Vorsilben	62
50	**Auch Wörter haben eine Familie**	Wortfamilie	63
51	**Entdeckst du ihn?**	Wortfamilie	64
52	**Was passt?**	Wortfeld	64

Sätze

53	**Ordnung hilft**	Satzteile	65
54	**Im Sommer**	Aussagesätze	65
55	**Freizeitspaß**	Aussagesätze und Fragesätze	66
56	**Zoo-Quiz**	Aussagesätze und Fragesätze	67
57	**Wichtig!**	Ausrufesätze	68
58	**Der Zoobesuch**	Aussagesätze, Fragesätze, Ausrufesätze	69

Grammatikübungen für die 3. Klasse

Wörter

59	**Gut versteckt**	Nomen	70
60	**Hexenfahrzeug**	Nomen	71
61	**Verschiedene Dinge**	Nomen, Eigennamen	72
62	**Nicht zum Anfassen**	abstrakte Nomen	73
63	**Das Baumhaus**	Nomen und ihre Artikel	74
64	**Wer poltert hier?**	Nomen und ihre Artikel	75
65	**Bunt gemischt**	Nomen und ihre Artikel	76
66	**Immer nur eins**	Singular und Plural	77

67	**Was gibt es nicht?**	Singular und Plural	78
68	**Flohmarkt**	Pronomen	79
69	**Er, sie, es ...?**	Pronomen	80
70	**Es geht auch kürzer!**	Pronomen	81
71	**Kinder-Treff**	Pronomen	82
72	**Frage danach!**	Verben	83
73	**Findest du die Lösung?**	Verben	83
74	**Alle können etwas**	Verben	84
75	**Was machst du in der Schule?**	Verben und ihre Personalformen	85
76	**Der Hund „Löwe"**	Verben und ihre Personalformen	85
77	**Der Brief an die Freundin**	Verben und ihre Zeitformen	86
78	**Es war einmal ...**	Verben und ihre Zeitformen	87
79	**Wie ist das?**	Adjektive	88
80	**Entweder – oder**	Adjektive	89
81	**In der Stadt**	Adjektive	90
82	**Ganz genau**	Adjektive	90
83	**Das kleine Gespenst**	Adjektive und ihre Steigerungsformen	91
84	**Puzzle-Teile**	Adjektive und ihre Steigerungsformen	91
85	**Wer kann es am besten?**	Adjekive und ihre Steigerungsformen	92
86	**Und wer ist am klügsten?**	mit Adjektiven vergleichen	93
87	**Wie oder als?**	mit Adjektiven vergleichen	93
88	**Das Klassenfest**	Zahlwörter	94
89	**Weißt du wie viele?**	Zahlwörter	95
90	**Versteckt!**	Fragepronomen	96
91	**Frage und Antwort**	Fragepronomen	96

Wortbildung

92	**Grenzenlos**	Wortgrenzen	97
93	**Die zweite Hälfte**	Silben	98
94	**Ganz schön knifflig!**	Silben	99
95	**Wir bauen Wörter**	Wortbausteine	100
96	**Was stimmt hier nicht?**	Wortbausteine	101
97	**Zauberei**	zusammengesetzte Nomen	102
98	**Zerlege wieder**	zusammengesetzte Nomen	103

99	**Neue Wörter**	zusammengesetzte Nomen	103
100	**Noch genauer**	zusammengesetzte Adjektive	104
101	**Jetzt weißt du es!**	zusammengesetzte Adjektive	104
102	**Neue Bedeutung**	zusammengesetzte Verben	105
103	**Kannst du stillhalten?**	Zusammensetzungen aus verschiedenen Wortarten	106
104	**Nomen, Verb oder Adjektiv?**	Zusammensetzungen aus verschiedenen Wortarten	106
105	**Bist du superschlau?**	Zusammensetzungen aus verschiedenen Wortarten	107
106	**Schmeckt dir süßsauer?**	Zusammensetzungen aus verschiedenen Wortarten	108
107	**Das schaffst du locker!**	Ableitungen (Nomen)	109
108	**Faulheit hilft nicht weiter!**	Ableitungen (Nomen)	109
109	**Wie ist es im Herbst?**	Ableitungen (Adjektive)	110
110	**Bilde neue Verben**	Vor- und Nachsilben	110
111	**Alle sind verwandt**	Wortfamilie	111
112	**So ähnlich**	Wortfeld	112
113	**Weißt du das?**	Wortfeld	112
114	**Kunterbunt**	Wortfeld	113

Sätze

115	**Ich sage dir etwas**	Satzarten	114
116	**Was steht am Schluss?**	Satzarten	115
117	**In der Pause**	Satzarten	116
118	**Umstellung**	Satzglieder	117
119	**Im Garten**	Satzglieder	118
120	**Am Geburtstag**	Satzgegenstand	119
121	**Wer oder was?**	Satzgegenstand	120
122	**Ein Sommertag**	Satzgegenstand	120
123	**Was wird getan?**	Satzaussage	121
124	**Heute Mittag**	Satzaussage	122
125	**Was passiert da?**	Satzgegenstand und Satzaussage	123
126	**Stimmt das?**	einen sinnvollen Satz bilden	124
127	**Repariert Vater eine Antilope?**	einen sinnvollen Satz bilden	124

Grammatikübungen für die 4. Klasse

Wörter

128	**Ein Urlaubstag**	Nomen	125
129	**Viele Dinge**	Nomen und ihre Artikel	126
130	**Was fühlst du?**	abstrakte Nomen	127
131	**Frage-und-Antwort-Spiel**	die vier Fälle	128
132	**Aufgepasst!**	die vier Fälle	129
133	**Schulaufgaben**	die vier Fälle	130
134	**Je nach Fall**	die vier Fälle	131
135	**Formel-1-Rennen**	die vier Fälle	132
136	**Was machen die Freunde?**	die vier Fälle	132
137	**Die Verabredung**	Pronomen	133
138	**Die böse Stiefmutter**	Pronomen	134
139	**Du und Susi**	Pronomen	135
140	**In den Wäldern Asiens**	Pronomen	135
141	**Briefwechsel**	Pronomen und die vier Fälle	136
142	**Ferienpläne**	Verben und ihre Formen	137
143	**Ich und du**	Verben und ihre Formen	138
144	**Die Einladung**	Verben und ihre Zeitformen	139
145	**Längst vorbei**	Verben und ihre Zeitformen	140
146	**Was nimmst du dazu?**	Verben und ihre Zeitformen	140
147	**Schöne Geschichten**	Verben und ihre Zeitformen	141
148	**Das Wetter**	Adjektive	142
149	**Wie sind die Dinge?**	Adjektive	143
150	**Im Versteck**	Adjektive	143
151	**Süß – noch süßer**	Adjektive und ihre Steigerungsformen	144
152	**Was ist am besten?**	Adjektive und ihre Steigerungsformen	145
153	**Vergleiche miteinander**	Adjektive und ihre Vergleichsformen	146
154	**Spannender Vergleich**	Adjektive und ihre Vergleichsformen	146
155	**Wer oder was ist genauso?**	Adjektive und ihre Vergleichsformen	147

Wortbildung

156	**Aus eins mach zwei**	zusammengesetzte Wörter	148
157	**Ordne richtig ein**	Zusammensetzungen aus verschiedenen Wortarten	149
158	**Was ist hier das Grundwort?**	zusammengesetzte Wörter und ihre Artikel	150
159	**Der Drache und das Baby**	zusammengesetzte Wörter und ihre Artikel	150
160	**Magst du dunkelgrün?**	zusammengesetzte Wörter (Adjektive und Verben)	151
161	**Welche Wörter sind versteckt?**	Ableitungen mit Vor- und Nachsilben	152
162	**Baukasten**	Ableitungen mit Vorsilben (Verb/Nomen)	153
163	**Welche Bedeutung hat das dann?**	Ableitungen mit Vorsilben (Verben)	154
164	**Was geht, was nicht?**	Ableitungen mit Vorsilben (Verben/Adjektive)	155
165	**Findest du alle?**	Ableitungen mit Nachsilben (Nomen)	156
166	**Rettung oder Gefangenschaft**	Ableitungen mit Nachsilben (Nomen)	157
167	**Finsternis oder Erleuchtung?**	Ableitungen mit Nachsilben (Nomen)	157
168	**Endlich kommt das Glück!**	Ableitungen mit Nachsilben (Adjektive)	158
169	**Alle möglichen Adjektive**	Ableitungen mit Nachsilben (Adjektive)	158
170	**Knackst du sie?**	Ableitungen von Verben zu Adjektiven	159
171	**Noch eine harte Nuss**	Ableitungen von Verben zu Nomen	159
172	**Verwandtschaft**	Wortfamilie	160
173	**Eine Familie**	Wortfamilie	161
174	**Was passt nicht?**	Wortfamilie	161
175	**Der Wortstamm hilft dir**	Wortfamilie	162
176	**So oder so ähnlich**	Wortfeld	163

Sätze

177	**Familie Sämann im Zoo**	Satzarten	164
178	**Eine Reise nach Köln**	Satzarten	165

179	**Was steht am Ende?**	Satzarten	166
180	**Wer tut hier was?**	Satzglieder (Subjekt)	167
181	**Wer oder was?**	Satzglieder (Subjekt)	168
182	**Was macht Sinn?**	Satzglieder (Subjekt)	168
183	**Was tut jemand?**	Satzglieder (Prädikat)	169
184	**Findest du sie?**	Satzglieder (Prädikat)	170
185	**Im Weltraum**	Satzglieder (Prädikat)	170
186	**Die passende Ergänzung**	Satzergänzungen (Objekt)	171
187	**Wer findet den Dieb?**	Satzergänzungen (Objekt)	172
188	**Wem oder wen/was?**	Satzergänzungen (Objekt)	172
189	**Das Fußballspiel**	Satzergänzungen (Objekt)	173
190	**Hier wird's bunt**	alle Satzglieder	174
191	**Hier erfährst du mehr**	Satzergänzungen (Orts- und Zeitangaben)	175
192	**Wann und wo?**	Satzergänzungen (Orts- und Zeitangaben)	176
193	**An welchem Ort?**	Satzergänzungen (Ortsangabe mit Verhältniswort)	177
194	**Wie wird das gemacht?**	Satzergänzungen (Angaben der Art und Weise)	178
195	**Wie geschieht was?**	Satzergänzungen (Angaben der Art und Weise)	179
196	**Wo und wie?**	Satzergänzungen (alle Arten)	179
197	**Kurze Sätze – lange Sätze**	mit Satzgliedern Sätze bilden	180
198	**Hannas Schulweg**	mit Satzgliedern Sätze bilden	180
199	**Pias Geschenk**	Satzglieder umstellen	181
200	**Würfelsätze**	sinnvolle Sätze bilden	182

Lösungen 183

Quellenverzeichnis 207

Liebe Eltern,

ist Ihr Kind schon einmal verzweifelt, weil es mit einer Grammatikaufgabe nicht zurechtkam? Keine Sorge, Ihr Kind ist nicht allein, gehört der Umgang mit Grammatikaufgaben für viele Kinder doch zu einem der unliebsamen Bereiche im Deutschunterricht.

Daher ist es wichtig, dass Sie so früh wie möglich beginnen, mit Ihrem Kind Grammatikübungen zu bearbeiten. Dazu bietet dieses Buch eine Fülle von Übungsaufgaben. In den Eltern- und Schülertipps auf den Seiten 12 bis 25 finden Sie Hinweise zum gemeinsamen Üben und Anregungen, wie Sie Ihr Kind in diesem Bereich fördern können. Außerdem erfahren Sie, welche Anforderungen im Grammatik-Unterricht an Ihr Kind gestellt werden.

Wie Sie mit diesem Buch üben können:

Suchen Sie sich aus der entsprechenden Klassenstufe Ihres Kindes eine Grammatikübung heraus, die Sie gemeinsam mit Ihrem Kind bearbeiten möchten.
Im Inhaltsverzeichnis finden Sie zu jeder Aufgabe die wichtigsten Lerninhalte. So können Sie die Übungen zur Vorbereitung auf Klassenarbeiten nutzen oder gezielt einen bestimmten Bereich üben, der Ihrem Kind noch Schwierigkeiten bereitet. Zum Einstieg können Sie auch mit einer vergleichbaren Übung aus einer niedrigeren Klassenstufe beginnen.

Lassen Sie Ihr Kind die Grammatikübung bearbeiten. Wie Sie gemeinsam vorgehen können, lesen Sie ab Seite 14. Kontrollieren Sie anschließend mit Ihrem Kind die Lösung der Aufgabe (Lösungen ab Seite 183).

Für das gemeinsame Üben wünschen wir Ihnen viel Erfolg und natürlich viel Spaß,

die kleinen Lerndrachen

Elterntipps zum Thema „Grammatik üben“

Liebe Eltern,

im Laufe der Grundschulzeit lernt Ihr Kind Schritt für Schritt, sprachliche Strukturen zu erkennen und schließlich zu beherrschen. Die Länge der Übungen sowie die Anzahl der behandelten grammatikalischen Begriffe nehmen von Klasse zu Klasse zu. Welche Anforderungen stellt die Schule dabei? Was können Sie gemeinsam mit Ihrem Kind tun, um es beim Lernen zu unterstützen? Wie können Sie Ihr Kind optimal fördern? Die nächsten Seiten sollen Ihnen helfen, wichtige Inhalte der Spracherziehung in der Grundschule kennenzulernen und Ihr Kind in diesem Bereich sinnvoll zu fördern.

Der Grammatik-Unterricht in der Schule

Viele Eltern haben das Gefühl, selbst nicht genau zu wissen, worum es im Bereich Grammatik oder Sprache untersuchen geht. Dabei ist es gar nicht so schlimm, wie man denkt. Grammatik ist eigentlich nur die Kunst, sprachliche Mittel, die wir alle täglich benutzen, benennen zu können. Ein Grundverständnis für die deutsche Grammatik entwickelt Ihr Kind bereits vor dem Schuleintritt, beim Sprechenlernen. Selbstverständlich und weitgehend unbewusst bildet es oft bereits grammatikalisch richtige Sätze.

Im Deutschunterricht lernt Ihr Kind, Grammatik bewusst anzuwenden und Regeln zu begreifen. Es erfährt, dass jedes Wort einer bestimmten Wortart zugeordnet werden kann, dass Wörter und Sätze in unterschiedlichen Variationen verwendet werden können und dass dies Hinweise auf richtige Schreibung und auf den Satzbau liefert.

Im Folgenden sind die wichtigsten Inhalte des Grammatik-Unterrichts in der Schule kurz für Sie zusammengefasst. Damit können Sie beurteilen, was Ihr Kind lernen wird und womit es über- oder unterfordert sein würde.

Die erste Klasse: Aller Anfang ist schwer

Im Laufe der ersten Klasse lernt Ihr Kind neben großen und kleinen Buchstaben des Alphabets auch Wörter des Grundwortschatzes auseinanderzuhalten und sie abzuleiten (*hört – hören, wecken – Wecker*).

Gegen Ende der ersten Klasse kann Ihr Kind Wortteile zu sinnvollen Wörtern verknüpfen (*Bir-ne: Birne, Na-me: Name*), Namenwörter und Zeitwörter unterscheiden und von einfachen Wörtern die Einzahl- und Mehrzahlform bilden (*Bein – Beine, Blatt – Blätter*). Es kennt einige einfache Regeln der Grammatik (z. B. Sätze zu bilden) und entwickelt immer mehr ein richtiges Sprachgefühl.

Wichtig für Sie als Eltern ist es zu wissen, dass die Klassen 1 und 2 in der Schule heute als „Anfangsunterricht" bezeichnet werden, d. h. Kenntnisse und Leistungen eher im Zusammenhang beider Klassen gesehen und beurteilt werden. Das bedeutet z. B. auch, dass viele Kinder ihren Lese- und Schreiblernprozess am Ende der ersten Klasse noch nicht abgeschlossen haben und dass dies von ihnen auch nicht gefordert wird. Allerdings: Je früher Ihr Kind mit Sprache gewandt umgehen kann, desto leichter fällt ihm die gesamte Schulzeit.

Die zweite Klasse: Es geht voran!

Bis zum Ende der zweiten Klasse wird Ihr Kind bei der Zuordnung von Lauten und Buchstaben immer sicherer und es kann bereits eine größere Anzahl von Wörtern des Alltags- und Grundwortschatzes richtig schreiben und anwenden, auch schon Wörter, die keiner Regelmäßigkeit folgen.

Weitere Ziele, die Ihr Kind im Laufe der zweiten Klasse erreichen wird, sind: Namenwörter in Wörterschlangen zu erkennen, die Endungen von Zeitwörtern zu beachten, Wörter nach Sinnzusammenhängen und nach dem Alphabet zu ordnen, Wörter in Silben zu zerlegen, trennbare und nicht trennbare Wörter zu erkennen, einfache Namenwörter zusammenzusetzen und Wörter umzuformen, z. B. in die Mehrzahl zu setzen. Zudem kann es schon verschiedene Satzarten unterscheiden und die richtigen Satzzeichen setzen (Punkt, Frage- und Ausrufezeichen).

Geben Sie Ihrem Kind immer wieder Gelegenheit, sein Können zu zeigen, damit neben dem Üben der Spaß möglichst lange erhalten bleibt.

Tipp

Die dritte Klasse: Übung macht den Meister

Auch in dieser Klasse wird das zuvor Gelernte wiederholt und intensiviert. Neu dazu kommen Inhalte wie Grundform und Zeitstufen bei Verben (1. und 2. Vergangenheit), Steigerung und Vergleichsstufen des Adjektivs, Wortbildung (Vorsilben, Nachsilben, Zusammensetzungen von Zeitwörtern, Eigenschaftswörtern, Verkleinerungsformen). Satzteile (Satzgegenstand und Satzaussage) werden bestimmt. Meist werden noch die deutschen Begriffe verwendet, wobei auch schon die lateinischen Bezeichnungen mit einfließen.

Die vierte Klasse: Auf dem Weg zum Grammatik-Profi

Neben der Wiederholung der wichtigen Inhalte aus den Klassen 1–3 kommen bis zum Ende der vierten Klasse diese Inhalte hinzu: Die Satzteile werden um die Wem- und Wen-Ergänzung erweitert (Objekt) und durch Orts- und Zeitangaben sowie Angaben der Art und Weise. Ab dieser Klasse werden die lateinischen Begriffe zur Sprachuntersuchung verwendet.

Grammatik üben – so fördern Sie Ihr Kind richtig

Unterstützen Sie den Entwicklungsprozess Ihres Kindes

Alle Kinder besitzen ein grammatikalisches Verständnis, was man daran merkt, dass sie es beim Sprechen und Schreiben anwenden: Sie bilden vollständige Sätze unterschiedlichen Aufbaus (Frage- und Aussagesätze), benutzen dabei Nomen in allen vier Fällen, Verben in verschiedenen Zeit- und Personalformen, Pronomen ... Kurz: Sie wenden all das an, was sie bereits im Laufe ihres Lebens an sprachlichen Mitteln erworben haben.

Nun sollen die Schüler lernen, allmählich von der gesprochenen Sprache zum Erkennen der Sprachstrukturen (Grammatik) zu kommen, um Sprache verständlich und die Strukturen durchschaubar zu machen.

Viele Kinder mögen diesen Grammatikunterricht nicht sehr, aber er ist notwendig, um Sprache sicher zu beherrschen.

Auch in dem Kompetenzbereich Sprache lässt sich vieles durch Üben erreichen. Je gewandter ein Grundschüler im

Umgang mit Sprache ist, desto mehr Freude hat er am Lesen und am Schreiben von Texten.

Wie Sie am besten mit Ihrem Kind üben können

Soweit wie möglich sollte Ihr Kind selbstständig arbeiten. Sie sollen nur unterstützen und weiterführende Anregungen geben. Die Aufgabenstellungen in diesem Band sind darauf abgestimmt. Wichtig ist auch die Lernatmosphäre. Wenn möglich, sollte Ihr Kind einen Arbeitsplatz haben, wo es möglichst wenig gestört oder abgelenkt wird und sich auf die Aufgaben konzentrieren kann. Legen Sie das voraussichtlich benötigte Arbeitsmaterial bereit, zum Beispiel: Schreibpapier, Stifte, Bücher, Zeitschriften usw.

Vielleicht bekommt Ihr Kind einen Schreck, wenn es sieht, wie viele Aufgaben es bearbeiten soll. Beruhigen Sie es, und weisen Sie darauf hin, dass es sich die Aufgaben erst einmal in Ruhe ansehen soll und dann entscheiden kann, mit welchen es beginnt. Es muss nicht der Reihe nach gearbeitet werden. Wenn Sie einen Fehler entdecken, machen Sie Ihr Kind darauf aufmerksam, dass etwas nicht korrekt ist. Ihr Kind kann sich dann die Aufgabe noch einmal ansehen und versuchen, eigenständig die Lösung zu finden. Kommt es nicht von selbst auf die Lösung, gehen Sie die Aufgabe Schritt für Schritt durch. Lassen Sie Ihr Kind erklären, was es sich überlegt. Suchen Sie dann gemeinsam Lösungswege. Vielleicht werden Sie auch Defizite erkennen, dann wissen Sie, wo Sie ansetzen müssen, um die Lücke zu schließen. Auch das ist Sinn dieses Bandes.

Es gibt darüber hinaus zwei wichtige Grundsätze für das Üben:

1. weniger ist mehr und
2. verteiltes Lernen ist besseres Lernen

Der erste klingt zunächst wie ein Widerspruch. Damit ist gemeint, den Lernstoff in kleine, leichter „verdauliche" Portionen einzuteilen. Es ist fast so wie beim Essen, wenn man sich zu sehr vollstopft, gibt es Probleme. Das kennen Sie sicher.

Tipp

Der zweite meint, den Lernstoff zeitlich so einzuteilen, dass es nicht zu viel wird. Das bedeutet für Sie, das, was Sie mit Ihrem Kind lernen wollen, gut zu strukturieren und zeitlich zu koordinieren. Zwischendurch sollte auch einmal Zeit für eine Pause sein. Wobei Pause nicht nur Nichtstun heißt – Ihr Kind sollte sich bewegen und mal kurz an die frische Luft gehen.

10–15 Minuten am Tag genügen, um Kenntnisse und Fähigkeiten in diesem Bereich auszubauen. Übungen dieser Art, in einer freundlichen, aufgelockerten Atmosphäre, können spielerisch sein, ein Spiel mit Sprache, an dem auch Ihr Sohn oder Ihre Tochter Gefallen finden kann. Es muss durchaus nicht alles schriftlich niedergelegt werden, auch mündliche Übungen erzielen Wirkung. Wichtig ist vor allem Abwechslung.

Grammatikübungen sinnvoll in den Alltag einbauen

Eine spielerische Förderung könnte so aussehen:

1. Im Bereich Wörter

Geben Sie Ihrem Kind mehrere Wörter, darunter Substantive, Verben, Pronomen und bestimmte und unbestimmte Zahlwörter vor. **Eine bestimmte Wortart**, z. B. die Verben, soll es dann benennen. Natürlich können Sie auf diese Art auch andere Wortarten herausfinden lassen. Das ist eine der Aufgabenarten, die man gut unterwegs auf Spaziergängen und Autofahrten machen kann, weil hier nichts geschrieben werden muss.

Lassen Sie Ihr Kind in Texten **Substantive** finden. Es sollte verinnerlichen, dass es sich dabei nicht immer um „begreifbare“ Dinge handelt, sondern auch abstrakte Begriffe benannt werden *(wie Glück, Angst …)*. Und lassen Sie Ihr Kind immer wieder die Artikel ergänzen oder die Substantive in den Plural setzen.

Ohne **Verben** kann kein Satz gebildet werden. Treffende Verben sind deshalb ebenso wichtig für den Wortschatz wie passende Adjektive. Nehmen Sie sich deshalb die Zeit, Tätigkeiten möglichst genau zu benennen. Das ist besonders einprägsam, wenn Sie Ihr Kind diese Tätigkeit selbst ausüben lassen. Dazu bietet sich z. B. das Wortfeld *gehen* an mit Verben wie *krabbeln, hinken, hüpfen, humpeln* usw. oder das Wortfeld *sehen* (*starren, erkennen, blinzeln, beobachten* ...). Sie können auch in vorgegebenen Wörtern versteckte Verben finden lassen.

Treffende Verben in der richtigen Form zu verwenden, ist eine Fähigkeit, die sich ebenfalls mit Erfolg spielerisch üben lässt. Lassen Sie dazu kurze Sätze in verschiedene Zeiten bringen: z. B. *Lars springt über den Teich. Lars sprang über den Teich. Lars ist über den Teich gesprungen.* Besonders einprägsam ist es, wenn Ihr Kind die Tätigkeit selbst durchführt und sprachlich begleitet und sie in verschiedene Zeiten setzt: z. B. *Jetzt springe ich hoch. Eben bin ich über das Seil gesprungen. Gestern sprang ich über einen Ball.*

Sie können in Buch- oder Zeitungstexten **Adjektive** suchen lassen. Oder beschreiben Sie mit möglichst wenigen, aber aussagekräftigen Adjektiven Gegenstände, Personen oder Tiere, und versuchen Sie dann gegenseitig, diese zu erraten. Das macht in der Regel Spaß und kann auch unterwegs gespielt werden. Der Umgang mit Adjektiven ist wichtig, denn sie werden benötigt, wenn etwas treffend beschrieben werden soll. Diese Wortart hilft nicht nur, sich besser untereinander zu verständigen, sondern sie macht auch eine Erzählung farbiger und interessanter. Und mit Adjektiven lassen sich gut Vergleiche machen, insbesondere mit den Steigerungsstufen.

Unbestimmte (einige, manche ...) und bestimmte (zwei, hundert ...) Zahlwörter können Sie natürlich auch zusätzlich mit realen Gegenständen, z. B. in der Küche mit Bohnen oder Früchten, anschaulich benennen lassen. Lernen durch Anschauen und Handeln ist in allen Bereichen immer besonders intensiv und erfolgreich.

Für viele Kinder ist der richtige Gebrauch der **Pronomen** (Fürwörter) nicht ganz einfach. Nennen Sie Namen oder Bezeichnungen in Sätzen, die dann Ihr Kind ersetzen kann. Hierbei müssen Sie darauf achten, dass auch die Fürwörter *wir* und *ihr* geübt werden *(Franz und ich = wir, du und Jan = ihr)*. Das muss auch nicht schriftlich geübt werden.

Tipp

2. Im Bereich Wortbildung

Wörter bilden ist ebenfalls eine beliebte Tätigkeit bei Kindern. So können Sie Substantive durch Anhängen von Silben bilden lassen oder neue Substantive aus anderen Substantiven zusammensetzen lassen. Sie finden in Ihrer unmittelbaren Umwelt viele Anregungen dazu, wie z.B. Gegenstände aus der Wohnung, deren Namen mit anderen verknüpft werden können (*Bildschirm, Bilderrahmen, Wandbild, Haustür* ...). Auch das Zusammensetzen von Substantiven zu möglichst langen Wortketten kann ein lustiger Zeitvertreib sein: *Haus, Haustür, Haustürschlüssel, Haustürschlüsselloch* ... Versuchen Sie bei dieser Gelegenheit, so viele Wörter wie möglich zu finden, die zu einer bestimmten Wortfamilie gehören. Das sind Wörter mit demselben Wortstamm (z.B. *Bilderrahmen, Wandbild* ...).

Finden Sie mit Ihrem Kind immer wieder **zusammengesetzte Wörter.** Nutzen Sie die Gelegenheiten: beim Einkaufen, beim Autofahren, im Zoo usw. Lassen Sie Ihr Kind ein Wort vorgeben. Setzen Sie dann ein passendes Wort an, zum Beispiel *Wind – Windhund*. Jetzt ist Ihr Kind an der Reihe. Es muss ein passendes Wort zu Hund finden, zum Beispiel Hundeleine. Dann wird wieder gewechselt usw. Ihr Kind lernt dabei spielerisch mit Sprache umzugehen, ohne dass Ihr Kind das Gefühl hat, etwas lernen zu sollen.

Neubildungen von Verben sind für Kinder spannend. Es ist für sie immer wieder verblüffend zu erkennen, dass die neuen Wörter ganz andere Bedeutungen haben als das ursprüngliche Verb (z.B. *raten – verraten*). Sie können Ihren Sohn oder Ihre Tochter Wörter mit Vorsilben aus Zeitungen heraussuchen und zerlegen lassen. Wichtig ist, dass diese Wörter als zusammengesetzte erkannt werden. Damit sich die unterschiedlichen Begrifflichkeiten (mit und ohne Vorsilbe) festigen, ist es sinnvoll, mit den neu gefundenen Verben einen oder mehrere Sätze zu bilden. So wird der Sinn des Wortes richtig deutlich. Achten Sie darauf, dass diese Wörter und Sätze für Ihr Kind in Zusammenhang mit seiner eigenen Welt stehen, ansonsten bleibt es abstrakt erlerntes Wissen. Was nicht verknüpft werden kann mit Bekanntem, prägt sich nicht ein.

Hier geht es um den sprachlichen Ausdruck, d.h. je nach Situation treffende Wörter verwenden zu können. So gibt es z.B. viele verschiedene Begriffe für Bewegungsarten. Machen Sie daraus ein Spiel, indem Sie und Ihr Kind die verschiedensten Gangarten ausführen, während der andere das passende Wort dazu finden muss (*humpeln, schleichen, hüpfen, stolzieren* ...) Dem Erweitern des Wortschatzes dient auch die Suche nach der Bedeutung von Sprichwörtern und Redensarten, ebenso wie das Aufspüren von Wörtern, die zu einer Wortfamilie gehören. Eine **Wortfamilie** erkennt man daran, dass alle zu ihr gehörenden Wörter denselben Wortstamm haben (z.B. *stehen, aufstehen, Stehlampe, wir stehen* ...). Lassen Sie zu einzelnen Begriffen (z.B. *bauen, fließen, gehen* ...) verwandte Wörter suchen. Das kann ein Spiel für die ganze Familie sein. Für jedes verwandte Wort gibt es einen Punkt. Wer die meisten Punkte hat, darf ein Brett-, Würfel- oder sonstiges Spiel vorschlagen oder sich etwas wünschen.

Wichtig für eine genaue Beschreibung sind auch die Verben (Tuwörter, Tunwörter, Zeitwörter, Tätigkeitswörter). Das Wort *sagen* lässt sich durch viele treffendere Begriffe ersetzen, zum Beispiel *schreien, mitteilen, flüstern, erzählen, berichten, erwidern, rufen* usw. Sogenannte „**Wortfeldübungen**" zeigen, wie umfangreich und differenziert die Sprache ist. Nehmen wir das Wort *gehen*. Hier können Sie recht einfach demonstrieren, wie sich diese Tätigkeit äußern und differenzieren kann: *trödeln, schlendern, stolpern, rennen, springen* und andere Formen des Gehens kann man dem Kind leicht vorspielen.
Dass diese Demonstrationen auch der beiderseitigen Erheiterung dienen, macht die Sache noch interessanter.

3. Im Bereich Sätze

Hier geht es um den **Aufbau von Sätzen**. Sie können dieses Wissen fördern, indem Sie sich einzelne Sätze in Texten mit Ihrem Kind anschauen, diese umstellen lassen oder das Subjekt (Satzgegenstand) oder Prädikat (Satzaussage) suchen lassen. Überprüfen Sie dabei gemeinsam, ob und inwieweit sich durch das Umstellen von Satzgliedern oder durch die Art der Betonung der Sinn ändert. Mit der Zeit wird dadurch das Verstehen von Texten erleichtert. Das ist durchaus nicht immer einfach – gehen Sie deshalb diese Übungen mit Ruhe und Konzentration an.

Tipp

Ebenso spielerisch können Sie die Kenntnisse Ihres Kindes zum Thema **Satzbau** erweitern. Bei einem Spaziergang oder einer Autofahrt stellen Sie z. B. eine Behauptung auf, die dann in eine Frage umgewandelt werden soll: *„Schau, der rote Lastwagen dort fährt ganz langsam." „Fährt der rote Lastwagen (wirklich) ganz langsam?"*

Sie können auch Unsinnssätze oder komische Sätze als Ausgangspunkt nehmen. Auf diese Weise gibt es viel zu lachen. Natürlich können Sie stattdessen auch die Satzaussage nennen lassen oder einen anderen Satzteil.

Dieses handelnde Lernen wird Ihrem Kind vermutlich nicht nur Spaß machen, sondern das Gelernte prägt sich auf diese Art auch schneller und besser ein.

Und nicht zuletzt: Machen Sie sich und Ihr Kind mit den grammatikalischen Begriffen vertraut. Eine Übersicht und kurze verständliche Erläuterungen finden Sie auf den folgenden Seiten. Diese wenden sich direkt an Ihr Kind. Gewöhnen Sie es daran, mithilfe dieser Checklisten zu arbeiten. So helfen Sie Ihrem Kind, eine gewisse Routine zu entwickeln und die einzelnen Punkte zu verinnerlichen.

Vergessen Sie bei allem Üben aber auch nicht, Geduld mit Ihrem Kind zu haben, und loben Sie es, wann immer es geht. Das ermutigt Ihr Kind und motiviert es zu besseren Leistungen.

Und nun: Viel Erfolg beim gemeinsamen Üben,

die kleinen Lerndrachen

Schülertipps zum Thema „Grammatik üben“

Wichtige Begriffe, die du kennen solltest

Deutsche Begriffe	Lateinische Begriffe
Namenwort, Hauptwort	Nomen, Substantiv
Einzahl des Namenwortes	Singular
Mehrzahl des Namenwortes	Plural
Zeitwort, Tunwort, Tätigkeitswort	Verb
Grundform des Zeitwortes	Infinitiv
Befehlsform des Zeitwortes	Imperativ
Eigenschaftswort, Wiewort	Adjektiv
Steigerung: Grundstufe	
1. Vergleichsstufe (Höherstufe)	Komparativ
2. Vergleichsstufe (Höchststufe)	Superlativ
Begleiter, Geschlechtswort	Artikel
Fürwort, Stellvertreter	Pronomen
Zahlwort	Numerale
Verhältniswort	Präposition
Bindewort	Konjunktion
Umstandswort	Adverb
Gegenwart	Präsens
1. Vergangenheit	Imperfekt, Präteritum
Zukunft	Futur
Vollendete Gegenwart, 2. Vergangenheit	Perfekt
Vollendete Vergangenheit	Plusquamperfekt
Satzgegenstand	Subjekt
Satzaussage, Satzkern	Prädikat
Satzergänzung	Objekt
Angabe des Ortes (Ortsangabe, Umstandsbestimmung des Ortes)	adverbiale Bestimmung des Ortes
Angabe der Zeit (Zeitangabe, Umstandsbestimmung der Zeit)	adverbiale Bestimmung der Zeit
Angabe der Art und Weise	adverbiale Bestimmung der Art und Weise
1. Fall: Wer-Fall	Nominativ
2. Fall: Wessen-Fall	Genitiv
3. Fall: Wem-Fall	Dativ
4. Fall: Wen-/Was-Fall	Akkusativ

So beherrschst du jede Grammatikübung

Hier geben dir die Lerndrachen wertvolle Tipps, damit du dich in Grammatik gut auskennst und alle Übungen super bearbeiten kannst. Du kannst dir die Tipps auch abschreiben und an deine Pinnwand hängen.

Was sind Nomen?

Nomen sind **Namenwörter** für Lebewesen, wirkliche und gedachte Dinge. Sie werden immer großgeschrieben (Tiger, Angst). Die meisten Nomen können in den Plural gesetzt werden.

Nomen und Artikel

Nomen können **bestimmte** oder **unbestimmte** Artikel bei sich haben. Im Singular sind dies: *der*, *die*, *das* und *ein*, *eine*, *ein*; im Plural: *die*. Ändert sich der Fall des Nomens, ändert sich auch der des Artikels.

Zahlwörter

Es gibt bestimmte (*zwei*, *drei* ...) und unbestimmte (*mehrere*, *viele* ...) Zahlwörter.

Die vier Fälle

Nomen stehen immer in einem der vier Fälle. Sie heißen:
1. Fall = **Wer**-Fall = **Nominativ**
2. Fall = **Wessen**-Fall = **Genitiv**
3. Fall = **Wem**-Fall = **Dativ**
4. Fall = **Wen**-Fall = **Akkusativ**

Du kannst sie mit *wer*, *wessen*, *wem*, *wen* (oder *was*) erfragen.

Pronomen

Es gibt **persönliche** (*ich*, *du*, *er* ...) und **besitzanzeigende** (*mein*, *dein*, *ihr* ...) Pronomen. Sie ersetzen Nomen und stehen wie diese immer in einem der vier Fälle.

Fragepronomen

Fragepronomen (*wann*, *wo*, *wer*, *wieso* ...) leiten Fragesätze ein.

Verben

1. Verben sagen uns, **was jemand tut** (Kai liest.) oder **was geschieht** (Es regnet). Sie werden **kleingeschrieben**.

2. Verben stehen entweder **im Infinitiv** (laufen) oder in einer **Personalform** (ich laufe).

3. Verben sagen uns, wann etwas getan wird oder geschieht. Dazu gibt es **fünf Zeitformen**: Präsens, Imperfekt, Perfekt, Plusquamperfekt, Futur.

4. Das **Perfekt** wird mit den Hilfsverben *haben* oder *sein* gebildet (ich habe gelacht; ich bin gelaufen).
Das **Futur** wird mit dem Hilfsverb *werden* gebildet (ich werde fliegen).

Adjektive

1. Adjektive **beschreiben** Lebewesen und Dinge. Sie werden **kleingeschrieben**.

2. Adjektive **verändern ihre Form**, wenn sie bei einem Nomen stehen (der klein**e** Junge, ein groß**er** Hund).

3. Adjektive können **gesteigert** werden. Du kannst mit ihnen Lebewesen und Dinge **vergleichen** und unterscheiden (schnell, schnell**er**, **am** schnell**sten**; Anna ist **so groß wie** Nina. Leo ist **älter als** Hannah.).

Verschiedene Wortarten bilden neue Wörter

Zusammengesetzte Wörter können aus verschiedenen Wortarten zusammengesetzt werden (Hundeleine, glasklar, hellblau, Klappstuhl, Rotwein). Bei den Zusammensetzungen verändern sich die Wörter manchmal, beispielsweise **Renn**pferd – **rennen** / Pferd.

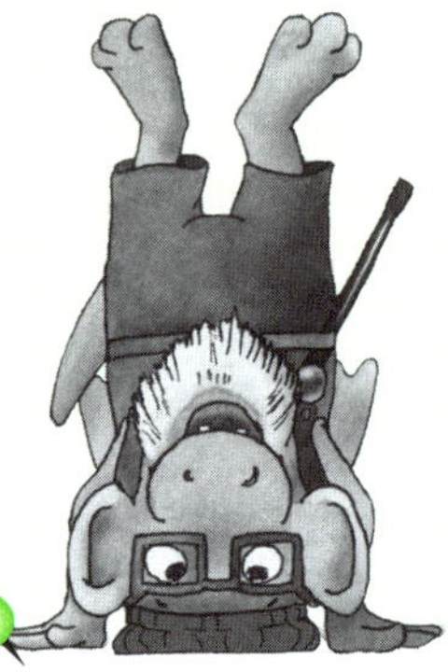

Vor- und Nachsilben

Mit Vor- und Nachsilben und anderen Wortbausteinen können **neue Wörter** gebildet werden. Sie verändern den Sinn von Wörtern (Sinn – **Un**sinn, laufen – **ver**laufen, mehr – Mehr**heit**, lang – lang**sam**).

Bestimmungs- und Grundwort

Den ersten Teil eines zusammengesetzten Nomens nennt man **Bestimmungswort**. Der Artikel richtet sich nach dem zweiten Teil des Wortes, dem **Grundwort** (**die** Haus**tür**, **der** Auto**schlüssel**).

Silben

Wörter bestehen aus Wortteilen. Diese Wortteile heißen **Silben**.

Wortfamilien

Wörter gehören zu Familien, die **denselben Wortstamm** haben. Aber der Wortstamm ist nicht immer genau gleich (greifen, Griff).

Wortfelder

Ein **Wortfeld** ist eine Zusammenstellung mehrerer Wörter, die eine gleiche oder **ähnliche Bedeutung** haben, z. B. sagen, flüstern, rufen, erklären ...

Aussagesätze

Sätze, die **etwas berichten** oder erzählen, heißen Aussagesätze. Sie enden mit einem **Punkt**.

Fragesätze

Sätze, die **etwas erfragen**, heißen Fragesätze und enden mit einem **Fragezeichen**.

Satzglieder

Ein Satz kann aus mehreren Satzgliedern bestehen.
Die meisten Sätze bestehen aus **Subjekt**, **Prädikat** und verschiedenen **Ergänzungen**: *Wen/Was*-Ergänzung, *Wem*-Ergänzung, Orts- und Zeitangaben sowie Angaben der Art und Weise.
Satzglieder können wie Bausteine verschoben, weggelassen oder hinzugefügt werden.

Ausrufesätze und Aufforderungssätze

Sätze, die einen **Ausruf** enthalten, heißen Ausrufesätze und enden mit einem **Ausrufezeichen**. Wunsch- und Aufforderungssätze enden ebenfalls mit einem Ausrufezeichen.

Subjekt

Das Subjekt sagt, **wer etwas tut**. Das Subjekt kann ein Nomen (auch aus mehreren Wörtern bestehend) oder ein Pronomen sein.

Prädikat

Das Prädikat sagt, **was geschieht**. Es ist der wichtigste Teil des Satzes, der **Satzkern** oder die **Satzaussage**. In Aussagesätzen steht es immer an zweiter Stelle. Es gibt einteilige und zweiteilige Prädikate.

1 Was gehört dir?

Schreibe so.

Ball | Auto | Hund | Vogel | Buch

Ich habe einen Hund.

Ich habe einen ______.

Ich habe ein ______.

Ich habe einen ______.

Ich habe ein ______.

Tipp:

Namenwörter bezeichnen Lebewesen und Gegenstände. Sie werden **großgeschrieben.**

2 Rate mal!

Schreibe das richtige Wort auf.

u d n H

g V l e o

Ich liebe Knochen.
Ich kann bellen und knurren.

Ich bin ein ____.

Ich kann fliegen.
Ich kann Nester bauen und singen.

Ich bin ein ____.

3 Sieben Freunde

Ergänze hier *der, die, das.*

Dort ist ______ gelbe Ball von Lisa.

Max sieht ______ Burg auf dem Berg.

Peter hängt ______ Bild auf.

Jan liest ______ Buch von Tobi gern.

Dort liegt ______ Brief von Susi.

Laura stellt ______ rote Blume in eine Vase.

Tipp:

Namenwörter haben oft **Begleiter** bei sich.
Das sind entweder **der, die das** oder **ein, eine**.

4 Kannst du das?

Ergänze *ein* oder *eine*.

fünf Briefe – ein Brief

zwei Burgen – ______ Burg

vier Bilder – ______

zehn Bücher – ______

acht Bälle – ______

drei Blumen – ______

5 Immer in Begleitung

Ordne die Wörter ein.

Brot
Burg
Bein
Bach
Blume
Butter
Buch
Baum
Birne
Brief
Ball

6 Juhu! Pause!

Die Kinder laufen auf den Schulhof.
Pause! Jeder darf tun, was er möchte.
Setze das richtige Wort ein.

sagt | springt | weint | lacht

Jan ____________: „Hallo, Heide“.

Kevin ____________ über das Brett.

Sina ____________.

Markus ____________.

Tipp:

Tunwörter sagen dir, was jemand tut. Du schreibst sie **klein**.

7 Was machst du?

Verbinde die Tunwörter,
die zusammengehören.

weinen	machen	weint	
springen	hört	hören	
macht	springt	lacht	sagt
lachen	sagen		

Tipp:

Tunwörter können **sich verändern**.

8 Hart oder weich?

Schreibe die Wörter dazu.

Die Hose ist kurz.

Das Seil ist ____.

Der Baum ist ____.

Der Ball ist ____.

Die Maus ist ____.

Das Brett ist ____.

- hart
- groß
- rund
- klein
- lang
- ~~kurz~~

Tipp:

Mit **Wiewörtern** beschreibst du Lebewesen und Dinge.
Du schreibst sie **klein**.

9 Leicht oder schwer?

Suche immer das Gegenteil.

lang – ____

eckig – ____

groß – ____

weich – ____

10 Wo sind sie?

Vater hat den Tisch gedeckt. Das Abendessen ist fertig. Aber keiner kommt. Er geht und sucht alle.

im | auf | hinter | unter | im

Jan steht ______ dem  .

Tina ist ______  .

Mutter ist ______ dem  .

Nora ist ______ dem  .

Flora ist ______  .

Tipp:

Die Wörter **auf, im, unter, hinter** sagen dir, **wo** etwas ist.

11 Wörterschlange

Findest du hier die Wörter?

HAND|AUGENASEBEINOHRARMFINGER

12 Sprich laut

Ergänze überall die zweite Silbe.

sen fen ken len ~~men~~

neh men

zah

kau

es

trin

Tipp:

Wörter bestehen aus **Silben**.
Silben findest du, wenn du beim Sprechen klatschst.

13 Was können die Tiere?

Verbinde immer zu einem richtigen Satz.

Der Hund	gibt Milch.
Die Katze	bellt.
Die Ente	frisst gerne Möhren.
Das Pony	fliegt von Baum zu Baum.
Der Vogel	schwimmt auf dem Teich.
Die Kuh	jagt eine Maus.

14 Mein Auto

Schreibe so.

Fenster Lenkrad Hupe Türen Dach

Mein Auto hat sechs Fenster.

Mein Auto hat eine ______.

Mein Auto hat fünf ______.

Mein Auto hat ein ______.

Mein Auto hat ein ______.

15 Der Malwettbewerb

Was malen die Kinder?

Peter malt einen ________.

Tina ________ eine ________.

Jonas ________ viele ________.

Evi ________ ein ________.

16 Die Rolltreppe

Erkennst du die acht Namenwörter auf der Rolltreppe? Schreibe sie auf.

Namenwörter sagen dir die Namen von Personen, Tieren, Pflanzen und Dingen. Du schreibst sie **groß**.

17 Opa und seine Enkel

Schreibe die Sätze ab, und setze die passenden Wörter für die Bilder ein.

Opa sitzt auf einer 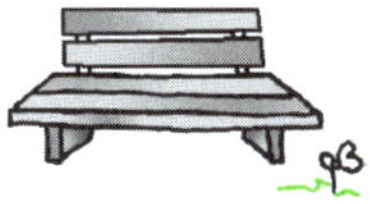 im Garten.

____

Uwe geht mit seinen  spazieren.

____

Lisa pflückt auf der Wiese  .

____

Anton liest viele  .

____

18 Pflanze oder Tier?

Schreibe die Namenwörter in die richtige Spalte.

Namen für Personen	Namen für Tiere
Lena	

Namen für Pflanzen	Namen für Dinge

Fenster
Brief
Mia
Hund
Hahn
Tisch
Frau Pan
Buch
Rose
~~Lena~~
Puppe
Katze
Baum
Schere
Tulpe
Vogel
Max
Maus
Mutter
Gras

19 Tierliebe

a) Kreise alle Begleiter grün ein.

Hänge das Hundebild an die Wand!

Kai und Karin sammeln Tierbilder.

Karin sucht ein Tierbuch.

Kai schreibt die Tiernamen auf.

Wo ist das Nashorn?

b) Wie heißt immer der Begleiter, wenn es mehrere Dinge sind?

____

Tipp:

Namenwörter können auch die Begleiter **der, die, das** haben.

20 Erkennst du sie?

Sieh dir die Bilder genau an. Schreibe die passenden Namenwörter auf und ordne sie richtig in die Tabelle ein.

der	die

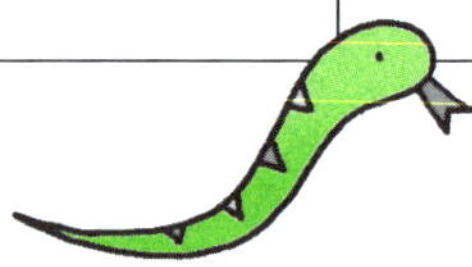

21 Und noch mehr Tiere

Kennst du dich mit Tieren aus? Ergänze den passenden Tiernamen mit Begleiter (ein, eine).

Eine ______________ miaut.

______ ______________ hat ein Horn auf der Nase.

______ ______________ hat einen langen Hals.

______ ______________ schreit kikeriki.

______ ______________ legt Eier.

Tipp:

Namenwörter können auch die Begleiter **ein** oder **eine** haben.

22 In der Wohnung

Ergänze den unbestimmten Artikel.

das Bett – ein Bett

der Stuhl – __________ Stuhl

der Schrank – __________ Schrank

die Küche – __________ Küche

der Herd – __________ Herd

die Lampe – __________ Lampe

23 Am Schreibtisch

Setze die Einzahl oder die Mehrzahl ein.

Block – Blöcke | Schere – Scheren | Buch – Bücher | Stift – Stifte | Brief – Briefe

Anne legt vier ______________ auf den Tisch.

Simon schreibt gerne viele ______________.

Lukas malt auf seinem ______________.

Die roten ______________ liegen im Kasten.

Liv schneidet mit einer kleinen ______________.

Tipp:

Namenwörter können in der **Einzahl** (Heft, Buch ...) und in der **Mehrzahl** (Hefte, Bücher ...) stehen.

24 Und wenn es mehrere sind?

Setze in die Mehrzahl.

der Spielplatz – die Spielplätze

der Buntstift – ______________

das Wasserglas – ______________

die Teestasse – ______________

das Tischtuch – ______________

25 Klassenausflug der 2b

Kreise die Tunwörter im Text ein.

Ein Vogel fliegt.

Kai klettert auf den Baum.

Klaus schläft.

Lea spielt mit einem Ball.

Hei, ihr springt aber weit!

Anna kriecht unter einen Busch.

Dirk und Jule sitzen auf einem Baum.

Jan liest ein Märchenbuch.

Ich hüpfe. Und was tust du?

Tipp:

Tunwörter sagen dir, was jemand tut. Du schreibst sie **klein**.

26 Was machen die Kinder?

Ergänze die Tunwörter in den Sätzen.

rechnen lesen reden gehen

malen schreiben hüpfen essen

Felix und Rita ______________ ihre Brote.

Maria und Bodo ______________ die Aufgabe aus.

Kai und Lisa ______________ ein Gesicht.

Dirk und Mia ______________ Bücher.

Anja und Katrin ______________.

Paul, Nora und Jonas ______________ miteinander.

Lia und Max ______________ einen Brief.

Lotte und Emil ______________ nach Hause.

27 Leichtes Spiel

Verbinde die Wörter mit ihrer Grundform.

er spielt	rennen
sie lachen	malen
wir fahren	spielen
ihr rennt	fahren
ich male	lachen

Tipp:

Tunwörter können sich verändern.

28 Ich und du ...

Ergänze die fehlenden Formen.

gehen	ich gehe	du gehst	er geht
____________	____________	du schreibst	____________
____________	ich rede	____________	____________
____________	____________	____________	sie isst
springen	____________	____________	____________

Tipp:

Tunwörter haben **verschiedene Endungen**.
Sie richten sich nach dem, der etwas tut.
Tunwörter haben in der **dritten Person** immer ein t am Wortende.

ich	schreib**e**
du	schreib**st**
er, sie es	schreib**t**
wir	schreib**en**
ihr	schreib**t**
sie	schreib**en**

29 Die dritte Person

Ergänze auch hier die fehlenden Formen.

machen – er macht	gehen – sie ____________
stehen – er ____________	fliegen – sie ____________
sausen – er ____________	springen – sie ____________

30 Im Kaufhaus

Unterstreiche die Wiewörter im Text grün.

In unserer großen Modeabteilung finden Sie kurze Kleider und lange Mäntel, helle Jacken und weite Röcke, lange Hosen und flauschige Pullover, weiße Socken und dunkle Anzüge. Kurz, hier finden Sie alles, was Sie brauchen.

Tipp:

Wiewörter sagen dir, **wie** Menschen, Tier, Pflanzen oder Dinge sind.
Sie werden **kleingeschrieben**.

31 Weißt du das?

Ordne die Wiewörter richtig zu, und vervollständige die Sätze.

kalt | dunkel | stark | warm

In der Sonne ist es ____________________.

Der Schnee ist ____________________.

Der Wind bläst ____________________.

In der Nacht ist es ____________________.

32 Welche Farbe passt?

Vervollständige die Sätze, und trage die richtigen Wiewörter ein. Achte auf die Groß- und Kleinschreibung.

BLAU GRÜN SCHWARZ BRAUN GELB ROT

Das Herz ist ________________.

Die Sonne ist ________________.

Der Frosch ist ________________.

Der Rabe ist ________________.

Der Himmel ist ________________.

Die Schokolade ist ________________.

33 Wie heißt es richtig?

Setze das Wiewort in der richtigen Form ein.

nass ~~blau~~ schmal hoch grün
groß klein weich lustig bunt

eine blaue Hose

ein ______________ See

der ______________ Turm

ein ______________ Weg

der ______________ Clown

ein ______________ Frosch

der ______________ Schwamm

ein ______________ Kissen

die ______________ Kiste

ein ______________ Bild

Tipp:

Wiewörter können sich verändern, z. B. lustig – lustig**er**.

34 Lustig oder wild?

Ergänze das passende Wiewort in der richtigen Form.

groß | klein | stark | klug | wild | bunt | ~~lustig~~

Ein lustiger Clown steht in der Manege.

Da nähert sich ein ______________ Löwe.

Vorsicht, Clown! Lauf weg!

Der ______________ Gewichtheber springt herein

und trägt den Löwen weg.

Drei ______________ Seehunde spielen mit

______________ Bällen.

Die ______________ Seiltänzerin staunt über den

______________ Elefanten.

35 Hoch – höher

Verbinde, was zusammengehört.

größer | länger | härter | weich

hart | groß | weicher | lang

36 Zum Knobeln

Ergänze das passende Wiewort.

Die Erdbeere ist weich, aber die Butter ist ____________.

Emmas Schal ist ____________,

aber Carlas Schal ist länger.

Raffaels Haus ist groß, aber Tonis Haus ist ____________.

Die Birne ist hart, aber meine Nuss ist ____________.

Tipp:

Mit Wiewörtern kannst du **Vergleiche** vornehmen.

37 Im Gegenteil!

Immer zwei Wörter gehören zusammen. Das eine ist das Gegenteil des anderen. Verbinde die richtigen Wortpaare mit einer Linie.

alt | traurig | böse | laut

lieb | jung | leise | fröhlich

38 Endlos-Satz

Erkennst du die Wörter und Sätze?
Schreibe den Text mit richtiger Groß- und Kleinschreibung und den Satzzeichen auf.

MAXHATFERIENERGEHTMITSEINEMBRUDERINDENZOO-
ZUERSTBESUCHENSIEDIEELEFANTEN

Tipp:

Wörter bestehen aus Wortteilen. Diese Wortteile heißen **Silben**.

39 Auf dem Bauernhof

Schreibe die acht Tiere auf, die du hier finden kannst.

~~EN~~	GÄN	NYS	HÜH
SE	~~TEN~~	NER	PO
NE	KEL	HÄH	OCH
SEN	FER	LEN	FOH

Enten, ____

____

____

40 Zusammengesetzt

Setze aus den Silben 5 Tunwörter zusammen.
Verbinde die richtigen Wortteile mit einer Linie.
Schreibe die Wörter dann auf.

lau | hel | ma | schau | bas

fen | keln | teln | len | fen

laufen ______________________

____

____

41 Eins und zwei

Ergänze jeweils die zweite Silbe der Tunwörter.

hen | fen | gen | len | ten

Sie lau______ schnell.

Sie sa______ nichts.

Die Lichter strah______.

Sie ge______ heim.

Die Leute war______ lange.

42 Der Umzug

Unterstreiche alle Wörter, die aus zwei anderen Wörtern zusammengesetzt sind.

Familie Gilden zieht um. Es ist kaum zu glauben, wie viele Sachen in dem Möbelauto sind: Küchengeräte, Gartenmöbel, Spielzeug, Anziehsachen, Bücherkisten und vieles mehr. Frau Gilden sagt den Möbelträgern, wohin sie alles bringen müssen.

Tipp:

Zusammengesetzte Namenwörter erklären dir die Dinge **genauer**.

43 Lecker, lecker

Schreibe die zusammengesetzten Wörter auf.

 Erdbeer +  Eis = ______________________

 Zwiebel +  Kuchen = ______________________

 Apfel +  Saft = ______________________

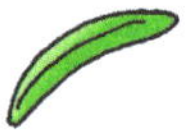 Gurken +  Salat = ______________________

 Möhren +  Suppe = ______________________

Tipp:

Du kannst **Namenwörter** aus anderen Wörtern **zusammensetzen**. Der **Begleiter** richtet sich dabei nach dem **zweiten Wort** (**die** Top**fpflanze**).

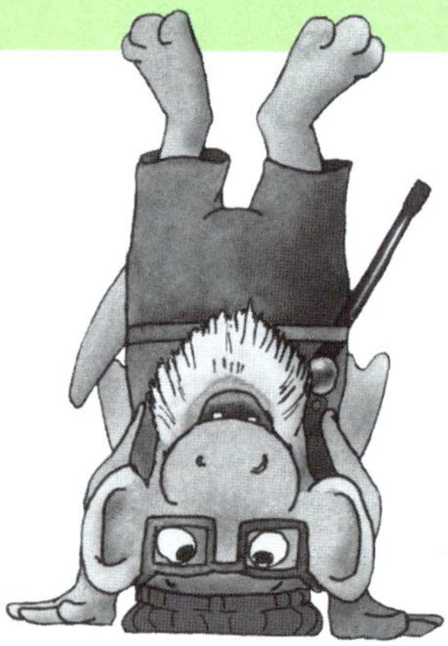

44 Rätselraten

Bilde zwei sinnvoll zusammengesetzte Wörter.
Benutze die Bilder dazu. Schreibe die Wörter auf.

45 Gibt es das wirklich?

Welche Stühle gibt es wirklich? Bilde zusammengesetzte Namenwörter, und schreibe sie mit ihrem Begleiter auf.

Lied Schaukel Stuhl Kino Kinder
Eis Küchen Ball Holz

46 Im Zwergenland

Kreise die Wörter ein, die die Nachsilbe *-chen* oder *-lein* haben.

Anne hat einen furchtbaren Traum. Gerade als sie mit ihren Eltern und ihrem Brüderchen durch einen dichten Wald geht, kommt ein Zauberer angeflogen. Er zaubert alles ganz klein. Annes Nase wird ein Näschen, ihre Augen werden kleine Äuglein, ihre Haare werden dünne Härchen, ihre Arme werden winzige Ärmchen. Schwupp, ist Anne ein Ännchen.

Tipp:

Die Nachsilben *-chen* und *-lein* machen alles **klein**.
Dabei wird aus *au, a, o* und *u* *äu, ä, ö* und *ü*.

47 Kennst du auch „umfahren“?

Hier kannst du neue Wörter aus *fahren* und verschiedenen Vorsilben bilden.

fahren

hin

ab

zurück

hinaus

weg

Tipp:

Vorsilben verändern die Wörter.

48 Achtung, nicht verrutschen!

Bilde Wörter mit den Vorsilben *ver-* und *vor-*.

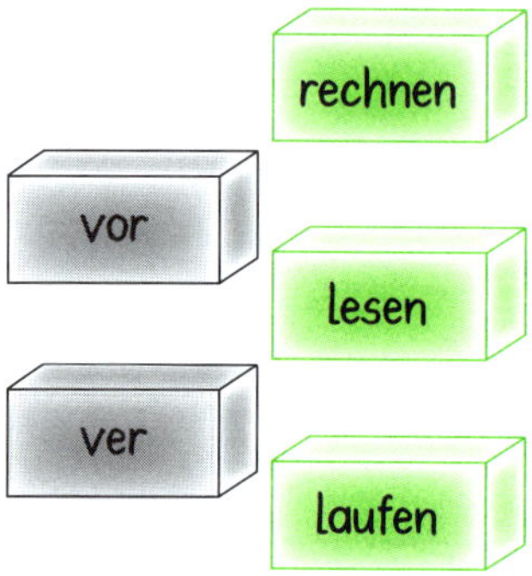

49 Schenken macht Spaß

Welche Vorsilben passen zu dem Wort *schenken*?
Schreibe die neuen Tunwörter auf.

50 Auch Wörter haben eine Familie

Kreise jeweils die Wörter der Wortfamilie *bauen* grün und die Wörter der Wortfamilie *fahren* schwarz ein.

Bauer Bauplan Anbau vorbeifahren

fahren Bau gefahren Fahrt

Fahrrad

Baustein

abfahren

zurückfahren

umbauen umfahren

bauen

fahrbar ausbauen

Hausbau

Tipp:

Eine Wortfamilie erkennt man am gemeinsamen **Wortstamm**.

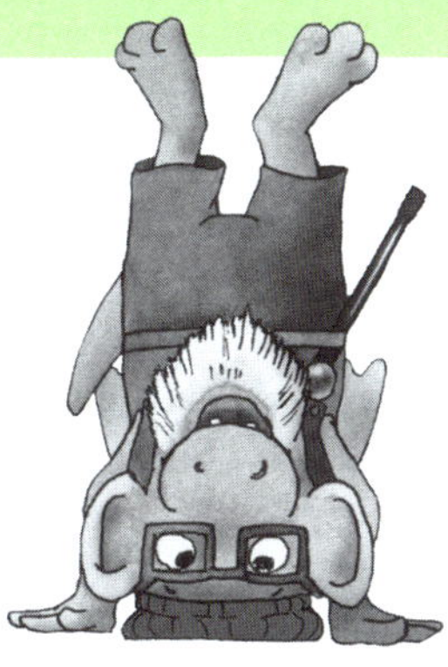

51 Entdeckst du ihn?

Trage die fehlenden Wörter in die Tabelle ein. Unterstreiche den Wortstamm. Vergiss bei den Namenwörtern den Begleiter nicht.

Namenwörter	Tunwörter
das Geschenk	schenken
	freuen
der Wunsch	
	spielen
der Tanz	
die Drehung	

52 Was passt?

a) Kreise die Wörter ein, die du für *gehen* verwenden kannst.

lachen essen spucken
stolpern eilen laufen hüpfen weinen
wandern schreiben rennen reden

b) Ordne die Wörter für *sagen* und *hören* richtig ein.

anhören flüstern antworten horchen verstehen
erzählen zuhören berichten

sagen: ______________________________

hören: ______________________________

53 Ordnung hilft

Hier sind 3 Sätze durcheinandergeraten. Verbinde die Satzteile, die zusammengehören, mit einer Linie.

Tina liest	in die Stadt.
Morgen geht Papa	viele Tiere zu sehen.
Im Zoo gibt es	ein dickes Buch.

54 Im Sommer

Ordne die Wörter, und bilde einen sinnvollen Aussagesatz. Schreibe den Satz in Schreibschrift auf.

GEHEN IN DAS SCHWIMMBAD IM SOMMER VIELE KINDER

____

____

____

55 Freizeitspaß

Mache aus dem Aussagesatz einen Fragesatz.

Das Wetter ist schön.

Ist das ______________________________________?

Die Sonne scheint.

______________________________________?

Der Zoo schließt bald.

______________________________________?

Kai lacht laut.

______________________________________?

Tipp:

Sätze, die etwas mitteilen oder berichten, sind **Aussagesätze**. Sie haben am Ende einen **Punkt**. Sätze, die etwas erfragen, heißen **Fragesätze**. Sie haben am Ende ein **Fragezeichen**.

56 Zoo-Quiz

Verbinde die passenden Fragen und Antworten.

Wann werden die Löwen gefüttert?

Wie heißt das Tier mit dem langen Hals?

Wer klettert am besten?

Woher kommen die Elefanten?

Die Affen.

Es heißt Giraffe.

Aus Afrika und Asien.

Die Löwen werden um 11 Uhr gefüttert.

57 Wichtig!

Neben dem Eingang des Zoos hängt ein großes Plakat mit vielen Bitten an die Besucher. Ergänze darauf jeweils das zweite Wort (steckt, macht, bleibt, füttert, werft).

Bitten an alle Besucher

Bitte, ______________ keinen Abfall auf die Wege!

Bitte, ______________ keine Tiere!

Bitte, ______________ keinen Lärm!

Bitte, ______________ auf den Wegen!

Bitte, ______________ keine Hände durch die Gitter!

Tipp:

Sätze, die einen **Ausruf** oder eine **Aufforderung** enthalten, sind **Aufforderungssätze**. Sie enden mit einem **Ausrufezeichen**.

58 Der Zoobesuch

Aufgeregt steht die ganze Klasse 2a vor dem Zooeingang. Ergänze bei den Sätzen Punkt, Fragezeichen und Ausrufezeichen.

Herr Sämann sagt: „Lest euch das Plakat dort durch!"

Tom fragt: „Gibt es hier auch Nashörner __"

Justus ruft: „Sieh mal, der Papagei __"

Marion fragt: „Gehen wir auch zu den Löwen __"

Lina sagt: „Hurra, ein Hai __"

Lena meint: „Ich war schon oft im Zoo __"

Justus fragt: „Darf ich ein Eis haben __"

Sven sagt: „Es ist sehr heiß heute __"

Caro sagt: „Mist, ich habe mein Geld vergessen __"

59 Gut versteckt

In diesen Wörterschlangen verstecken sich Nomen.
Unterstreiche alle Nomen.

XKAIWFREUNDMTAGGPECHTZEITPFERNSEHERY

WOCHEHAUSTSCHWEFELZMUTTERROPAKUCHEN

HÖRERSBLÖDMANNFERNSEHPROGRAMMGEFÜHL

TBAUCHTÜRHLANGEWEILERHANDTENDE

Tipp:

Nomen benennen **Menschen, Pflanzen, Tiere** und **Dinge**.
Sie werden großgeschrieben.

60 Hexenfahrzeug

Unterstreiche die 16 Nomen im Text.

Die Bremsen quietschen, die Reifen rutschen. Doch endlich steht das Auto still. Stolz steigt die kleine Hexe Fiona aus. Gerade will sie das Auto abschließen, als die Oberhexe Tusnelda mit einem Knall vor ihr landet. Wütend kreischt diese: „Seit wann fahren Hexen mit einem Auto, nimm gefälligst den guten, alten Reisigbesen ohne Motor und ohne Lenkrad!" Und schwirr, ist sie wieder verschwunden. „So eine altmodische Hexe", knurrt Fiona.

Tipp:

Auch **Namen** sind Nomen. Sie stehen meist ohne Artikel.

61 Verschiedene Dinge

Ordne die folgenden Nomen.

Bäcker Tulpe Wurm Kind Julia Blume

Tanne Wolf Buch Tasche Hamster Dach

Menschen	Pflanzen

Tiere	Dinge

62 Nicht zum Anfassen

Markiere die zehn Nomen gelb, die für Gefühle und gedachte Dinge stehen, und schreibe sie darunter auf.

Glück
Liebe
Mut
Friede
Freude
Trauer
Wut
Angst
Wagen
Mauer
Kino
Tiger
Spaß
Computer
Stolz
Wand
Stern

Tipp:

Nomen stehen auch für **Gedanken** und **Gefühle**.

63 Das Baumhaus

Vater und Sohn sitzen auf einer alten Eiche. Eifrig bauen sie ein Baumhaus. Schnell wird noch das letzte Brett angenagelt. Dann ist es fertig. Stolz betrachten sie ihr gemeinsames Werk. Was für ein schöner Tag!

a) Unterstreiche die Nomen oben im Text.

b) Schreibe sie so hier auf.

ein Vater – der Vater, ______________________________

____

____

____

Tipp:

Nomen können Artikel haben.
Die **bestimmten Artikel** sind *der, die, das.*
Die **unbestimmten Artikel** sind *ein, eine.*

64 Wer poltert hier?

Du findest hier sieben Nomen.
Schreibe sie mit bestimmten
Artikel richtig auf.

JETZT BRIEF LAUT POLTERN STADT

SCHREIBT RUINE SICH NEIN WIEGEN

MOND GESPENST FEUER DU EIS

65 Bunt gemischt

Ordne richtig ein.

Wecker Kind Zahl
Jahr Baum Postbote
Rakete Auto Huhn
Ente Stuhl Nummer Hund Blume

der	die	das

66 Immer nur eins

Wie heißt der Singular?

a) die Bergsteiger – der ______________________

b) die Straßenbahnen – ______________________

c) die Krankenwagen – ______________________

d) die Flugzeuge – ______________________

e) die Frachtschiffe – ______________________

f) die Leuchttürme – ______________________

Tipp:

Nomen können im Singular oder im Plural stehen.

67 Was gibt es nicht?

Setze die Wörter entweder in den Singular oder in den Plural. Streiche die Wörter durch, bei denen es keinen Singular oder keinen Plural gibt.

der Kopf die Ferien die Mühe
das Hochhaus die Ängste das Obst
die Brücke die Dörfer der Löffel
der Schnee die Gedanken das Glück
die Witze die Ruhe

die Köpfe, ______________________________

____

____

____

____

68 Flohmarkt

Unterstreiche die Pronomen.

Viele Leute sind auf dem Flohmarkt. Hier kann man viele alte Bücher kaufen. Sie kosten nur wenig. Auch ein altes Comic-Heft ist dabei. Es sieht ziemlich zerfleddert aus.
„Wer will den alten Traktor? Er ist sehr gut erhalten."
„Hey Thomas, seit wann bist du denn hier?" „Ich bin schon seit 10 Uhr auf dem Markt." „Renate und ich auch. Wir haben schon allerlei verkauft."

Tipp:

Die persönlichen Pronomen *ich, du, er, sie, es, wir, ihr, sie* ersetzen die Nomen.

69 Er, sie, es ...?

Ersetze die unterstrichenen Wörter durch Pronomen

a) Alex und Anna sitzen im Auto.

_______ sitzen im Auto.

b) Bello bellt nur ganz selten.

_______ bellt nur ganz selten.

c) Das Kind umarmt seine Mutter.

_______ umarmt seine Mutter.

d) Die Bäuerin begrüßt die Feriengäste

_______ begrüßt die Feriengäste.

e) Susi und ich spielen Klavier.

_______ spielen Klavier.

70 Es geht auch kürzer!

Setze die richtigen Pronomen ein. Die Unterstreichungen helfen dir!

Papa und Mama freuen sich auf das nächste Wochenende. Sie wollen mit mir einen Ausflug machen. Der Eintritt in den Erlebnispark ist mein Geburtstagsgeschenk. Wenn meine Schwester Victoria mich nicht ärgert, darf _____ mitkommen. Mein Freund Max beneidet mich um diesen Besuch. Auch _____ möchte schon lange dort hin. Max und Laura meinten neulich: „_____ hast einfach tolle Eltern!“ Schnell entgegnete ich: „_____ könnt euch doch auch nicht beklagen!“ Meine Freunde haben recht, Mama, Papa, Victoria und ich sind ein tolles Team. Meistens halten _____ zusammen.

71 Kinder-Treff

Ergänze *ihm*, *ihn* oder *ihnen*.

a) Da kommt Toni.

Ich gehe mit __________ schwimmen.

b) Heiner gibt Lena und Gabi ein Buch.

Er gibt es __________.

c) Sie sah ihren Freund. Sie sah __________.

d) Jana hat Florians Tasche gefunden.

Nach der Pause gibt sie __________ die Tasche.

e) Wir wollen mit den anderen Kindern spielen.

Wir wollen mit __________ spielen.

Tipp:

Auch *dir, dich, mir, mich, uns, euch, ihn, ihm, ihnen* ... sind **Pronomen**.

72 Frage danach!

Welches dieser Wörter ist ein Verb?
Kreuze alle richtigen Antworten an.

☐ friedlich	☐ ausbrechen	☐ Getränke
☐ Bausteine	☐ sechs	☐ besteigen

Tipp:

Verben sagen, was jemand tut oder was geschieht.

73 Findest du die Lösung?

In jedem Wort versteckt sich ein Verb. Schreibe es auf.

a) die Züchterin – ____________________

b) die Belohnung – ____________________

c) die Freude – ____________________

d) der Wunsch – ____________________

e) das Futter – ____________________

f) die Klingel – ____________________

g) die Wäsche – ____________________

h) das Segel – ____________________

74 Alle können etwas

a) Bilde Verben.

~~rol~~	blü	schei	sin	grun	bel	flie	knat
gen	gen	hen	~~len~~	len	nen	tern	zen

rollen, ______________________________

____

____

____

b) Setze die passenden Verben von oben hier in der richtigen Form ein.

Das Motorrad knattert. Das Schwein grunzt.

Fiona ____________________.

Ein Hund ____________________.

Das Rad ____________________.

Die Sonne ____________________.

Die rote Tulpe ____________________.

Das Flugzeug ____________________.

Tipp:

Verben haben einen **Wortstamm** (*flieg-/-sing*) und **verschiedene Endungen**: *e, st, t, en* (fliegst, fliegt). Sie werden **kleingeschrieben**.

75 Was machst du in der Schule?

Setze die Verben in der richtigen Form ein.

	singen	kochen	lernen	stricken
ich	singe			
du	singst			
er*	singt			
wir	singen			
ihr	singt			
sie	singen			

* Hinweis: Statt *er* kann auch *sie* oder *es* stehen.

76 Der Hund „Löwe“

Lies, was Hanna mit ihrem Hund Löwe macht!
Setze das passende Verb in der richtigen Form ein.

gehen | streicheln | spielen | laufen | baden | schmusen

Morgens ______________ sie mit ihm spazieren.

Oft ______________ sie mit ihm um die Wette.

Manchmal ______________ sie ihn ganz sanft

und ______________ ein wenig mit ihm.

Wenn Löwe zu schmutzig ist, ______________ sie ihn.

Jeden Nachmittag ______________ sie mit Löwe im Garten.

77 Der Brief an die Freundin

a) Unterstreiche die Verben.

Gestern schrieb Dora einen Brief an ihre Freundin. Anschließend steckte sie ihn in einen Umschlag und klebte eine Briefmarke darauf. Schnell lief sie zum nächsten Briefkasten und warf ihn hinein. Kurz darauf kam der Postbote und leerte den Briefkasten.

b) Schreibe den Text in der Gegenwart auf ein Extrablatt.
Beginne so: Dora schreibt ...

Tipp:

Verben sagen uns auch, **wann** etwas geschieht.

78 Es war einmal ...

Trage die fehlenden Zeitformen ein.

Gegenwart	1. Vergangenheit	2. Vergangenheit
er malt	er malte	er hat gemalt
		er hat gelacht
er weint		
	er schrieb	
		er hat gelesen
er mag		
		er hat gebracht
	er lief	
er rennt		
		er ist gesprungen
er ist		

79 Wie ist das?

Setze das richtige Adjektiv ein.

hart | weiß | rot | groß | schwarz | rund

a) Schnee ist ______________.

b) Steine sind ______________.

c) Ein Kreis ist ______________.

d) Tomaten sind ______________.

e) Max ist ______________.

f) Der Rabe ist ______________.

Tipp:

Adjektive sagen, wie Menschen, Tiere, Pflanzen und Dinge sind. Sie werden **kleingeschrieben**.

80 Entweder – oder

a) Vebinde die Gegenteile miteinander.

jung	lang	hell	lustig	ängstlich	hässlich
kurz	alt	klug	mutig	krank	
dumm	schön	dunkel	gesund	traurig	

b) Finde hier das Gegenteil selbst.

schnell – ______________ groß – ______________

hart – ______________ laut – ______________

neu – ______________ faul – ______________

Tipp:

Mit Adjektiven kannst du Dinge vergleichen.

81 In der Stadt

Schreibe wie im Beispiel.

a) Das Wetter ist heiß. – das heiße Wetter

b) Das Mädchen ist müde. – ______

c) Der Verkehr ist laut. – ______

d) Die Stadt ist alt. – ______

e) Die Straße ist eng. – ______

Tipp:

Adjektive können sich verändern. Du kannst mit ihnen Dinge genauer beschreiben.

82 Ganz genau

Schreibe so:

a) Der Apfel ist so grün wie das Gras.

Er ist grasgrün.

b) Die Blume ist so gelb wie eine Zitrone.

Sie ist ______.

c) Die Kante ist so scharf wie ein Messer.

Sie ist ______.

d) Der Pulli ist so blau wie der Himmel.

Er ist ______.

83 Das kleine Gespenst

Unterstreiche im Text die Adjektive.

Das kleine Gespenst wohnte in einer alten Burg. Sie war älter als alle Burgen in der Umgebung. Es war sogar die älteste Burg des Landes.

Tipp:

Adjektive kannst du steigern.
Man unterscheidet **3 Stufen**:
Grundstufe (alt),
1. Vergleichsstufe (älter),
2. Vergleichsstufe (am ältesten).

84 Puzzle-Teile

Verbinde die Formen, die zusammengehören.

hoch

gut

gern

lieber

höher

besser

am besten

am liebsten

am höchsten

85 Wer kann es am besten?

Schreibe die Adjektive in die Tabelle, und ergänze die fehlenden Formen.

wärmer | dünn | groß | lustiger | warm | am kältesten | am lustigsten | größer | am dünnsten

Grundstufe	1. Vergleichsstufe	2. Vergleichsstufe
tief	tiefer	am tiefsten

86 Und wer ist am klügsten?

Vergleiche.

a) Julias Haare sind länger als Leos Haare.

b) Leos Ohren sind ____________________ Julias Ohren.

c) Leos Mund ist ____________________ Julias Mund.

d) Julias Augen sind ____________________ Leos Augen.

e) Julias Nase ist ____________________ Leos Nase.

Tipp:

Mit Adjektiven kannst du vergleichen.

87 Wie oder als?

Ergänze richtig.

a) Rom ist größer ________ Köln.

b) Anna ist so alt ________ Tim.

c) Der Rhein ist länger ________ die Mosel.

d) Peter ist so groß ________ Karin.

e) Meine Mutter ist jünger ________ mein Vater.

f) Uli läuft genauso schnell ________ Jakob.

88 Das Klassenfest

Unterstreiche im Text alle Zahlwörter.

Bevor das Klassenfest beginnt, gibt es noch viel Arbeit. Lena schreibt ein Plakat. Florian stellt mehrere Blumentöpfe auf die Fensterbank, und Kirsten stellt vier Stühle in die Ecke. Mirco malt ein paar lustige Bilder an die Tafel. Karin füllt acht Schalen mit Knabberzeug. Lisa verteilt viele Luftschlangen, und Olaf bläst einige Luftballons auf. Georg und Alex tragen zwei Kisten Limonade. Fünf Kinder schieben die zehn Tische beiseite. Auch Feste machen Arbeit.

Tipp:

Bestimmte Zahlwörter geben die **genaue** Anzahl an.
Unbestimmte Zahlwörter nennen eine **ungefähre** Menge.

89 Weißt du wie viele?

Ordne diese Zahlwörter.

viele sechs einige fünf mehrere

neun drei ein paar zehn dreißig

bestimmte Zahlwörter
ein, ______
______
______
______

unbestimmte Zahlwörter
viel, ______
______
______
______

90 Versteckt!

Welche Fragepronomen haben sich in diesen Wörtern versteckt?

ZWIEBEL BADEWANNE ZWERG

__________ __________ __________

WASSER WOHNUNG

__________ __________

Tipp:

Fragepronomen wie *wann, wo, wie, wieso* ... leiten eine Frage ein.

91 Frage und Antwort

Frauke und Michael haben viele Fragen an ihren Vater.

a) Verbinde die passenden Fragen und Antworten.
b) Unterstreiche in den Fragen die Fragepronomen.

1) Wann fährt der Zug ab?

2) Wo müssen wir umsteigen?

3) Wie sollen wir denn zum Bahnhof kommen?

4) Wer holt uns am Bahnhof in München ab?

a) Opa holt euch am Bahnhof ab.

b) Ich bringe euch mit dem Auto zum Bahnhof.

c) Der Zug nach München fährt um 12.10 Uhr ab.

d) Ihr müsst in Ulm umsteigen.

92 Grenzenlos

Hier sind die Wortgrenzen durcheinandergeraten. Finde die richtigen Grenzen heraus, und schreibe die Sätze neu.

Ind erSchu legib tesheu teet wasNeu eszub estaunen.
Imgro ßenAqua riumtum melnsi chzw eiprä chtigeWe lse.
Die Elte rnde rKin derh abendi eTier eges tiftet.

In der Schule gibt ______________________________

____

____

____

____

____

____

____

93 Die zweite Hälfte

Ergänze jeweils die zweite Silbe.

ze | peln | ge | ten | ken | de | sen | ne

a) Das Gegenteil von oben: un________

b) Frucht des Birnbaums: Bir________

c) Sie stehen an vielen Kreuzungen: Am________

d) Bei Gewitter gibt es Blit________.

e) Schlecht riechen: stin________

f) Größer werden: wach________

g) Greifwerkzeug: Zan________

h) Zimmer haben Wän________.

Tipp:

Wörter werden aus Silben gebildet.

94 Ganz schön knifflig!

Setze aus den Silben Wörter zusammen.
Schreibe sie mit dem bestimmten Artikel auf.

a) MEIS WELT TER — der Weltmeister

b) MO VE LO TI KO ____________________

c) HER FERN SE ____________________

d) BEN RECHT SCHREI ____________________

e) GEN GEN BO RE ____________________

f) NE MA WASCH SCHI ____________________

g) BE AUF HAUS GA ____________________

h) MER RIEN FE SOM ____________________

95 Wir bauen Wörter

a) Bilde Nomen aus den drei Wortbausteinen, indem du die Felder mit Linien verbindest. Achtung, manchmal gibt es mehrere Möglichkeiten.

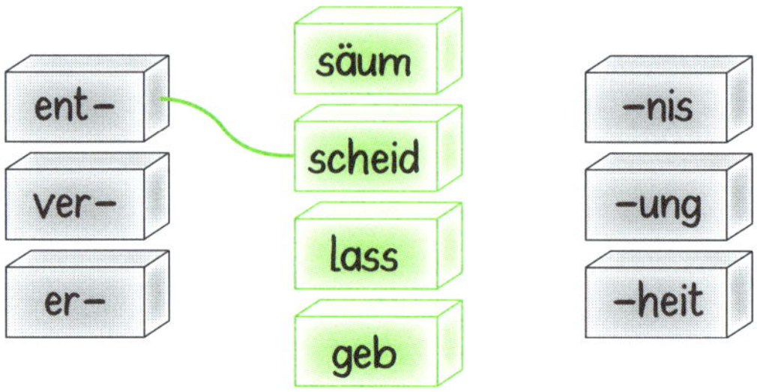

b) Schreibe die gefundenen Wörter auf. Achte auf die Groß- und Kleinschreibung.

96 Was stimmt hier nicht?

In diesen Wörtern ist ein Wortbaustein falsch.

a) Streiche den falschen Wortbaustein durch.

b) Finde den richtigen Wortbaustein, und schreibe das Wort richtig auf die Linie dahinter.

Vernehmheit ____________________

Besprechnis ____________________

Gegebenkeit ____________________

Endergebung ____________________

Pünktlichheit ____________________

Geschehung ____________________

Blödnis ____________________

Vertäuschung ____________________

Erlebung ____________________

Klugnis ____________________

97 Zauberei

Bilde zusammengesetzte Nomen.
Schreibe sie mit Artikel auf.

Motor + Rad = das Motorrad

voll + Mond = ______________________

Gespenster + Geschichte = ______________________

Sonne + *n* + Brille = ______________________

fahr(en) + Rad = ______________________

lese(n) + Buch = ______________________

Tipp:

Aus verschiedenen Wörtern kannst du **neue Nomen** zaubern. Sie werden auch **großgeschrieben**.

98 Zerlege wieder

Aus welchen Nomen wurden diese Wörter gebildet? Schreibe sie getrennt mit Artikel auf.

a) die Windjacke: der Wind, die Jacke

b) der Lastwagen: ____________, ____________

c) das Motorboot: ____________, ____________

d) die Autobahn: ____________, ____________

e) die Schranktür: ____________, ____________

Tipp:

Bei zusammengesetzten Nomen bestimmt das **Grundwort** den Artikel.

99 Neue Wörter

Bilde sinnvolle zusammengesetzte Nomen aus Bestimmungswort und Grundwort. Jedes Wort darfst du nur einmal verwenden. Schreibe die Nomen mit dem Artikel im Plural auf ein Extrablatt. Beispiel: die Haustiere

Bestimmungswort	Grundwort
Märchen, Wetter, Auto, Hand, Spiel, ~~Haus~~, Arzt, Kinder, Feuerwehr	~~Tier~~, Bahn, Ball, Praxis, Garten, Schlauch, Buch, Frosch, Platz

100 Noch genauer

Bilde zusammengesetzte Adjektive.

a) rot + blau = rotblau

b) grün + gelb = ______________

c) Stein + hart = ______________

d) Bär + en + stark = ______________

e) Messer + scharf = ______________

f) Schnee + weiß = ______________

Tipp:

Mit **zusammengesetzten Adjektiven** kannst du alles genauer beschreiben. Sie werden kleingeschrieben.

101 Jetzt weißt du es!

Bilde Farbbezeichnungen, mit denen du etwas ganz

~~Zitronen~~ Pech Himmel Gras Kastanien Feuer

rot braun ~~gelb~~ blau grün schwarz

zitronengelb, ______________________________

____

____

____

102 Neue Bedeutung

Tipp:

Durch **Zusammensetzungen** bekommen die Verben eine andere Bedeutung. Sie werden weiterhin **kleingeschrieben**.

Bilde zusammengesetzte Verben.

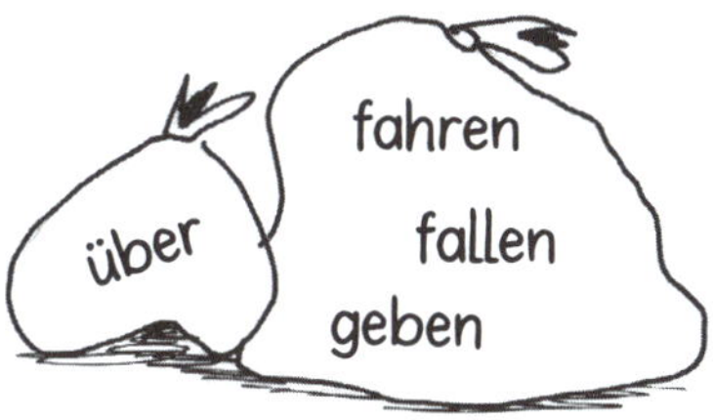

103 Kannst du stillhalten?

Setze die Verben und Adjektive so zusammen, dass ein neues Verb entsteht.

a) laufen – warm: ____________________

b) sehen – fern: ____________________

c) kühlen – tief: ____________________

d) halten – fest: ____________________

e) kleben – fest: ____________________

f) stehen – still: ____________________

104 Nomen, Verb oder Adjektiv?

Wie sind diese Nomen zusammengesetzt?

a) Tiefschnee: tief – der Schnee

b) Singstunde: ____________________

c) Frühkartoffel: ____________________

d) Wildpferd: ____________________

e) Wasserfall: ____________________

f) Schneewehe: ____________________

g) Halbmond: ____________________

h) Reisefieber: ____________________

105 Bist du superschlau?

Ordne richtig ein.

Schwertfisch | blauweiß | vorstellen | pfeilschnell | Eckschrank | fortlaufen | Sitzbank | ausfüllen | himmelblau

Nomen

Verben

Adjektive

106 Schmeckt dir süßsauer?

Sortiere diese zusammengesetzten Adjektive richtig ein, und schreibe sie auf.

nasskalt | blutrot | eiskalt | süßsauer | bettelarm | messerscharf

schneeweiß | superschlau | blitzschnell | bitterkalt | reißfest

a) zusammengesetzt aus Nomen und Adjektiv:

____

____

b) zusammengesetzt aus Verb und Adjektiv:

____

c) zusammengesetzt aus zwei Adjektiven:

____

____

107 Das schaffst du locker!

Bilde Nomen auf *-schaft*.

gemein	+	schaft=	Gemeinschaft
Herr +	schaft=		___
Land	+	schaft=	___
Wirt +	schaft=		___

Tipp:

Mit den Wortbausteinen *-schaft, -heit* und *-keit* kannst du Nomen bilden. Sie werden **großgeschrieben.**

108 Faulheit hilft nicht weiter!

Bilde Nomen auf *-heit* und *-keit*.

krank	+	heit	=	Krankheit
dunkel	+	heit	=	___
faul	+	heit	=	___
dumm	+	heit	=	___

sparsam	+	keit	=	Sparsamkeit
dankbar	+	keit	=	___
fröhlich	+	keit	=	___
ehrlich	+	keit	=	___
traurig	+	keit	=	___

109 Wie ist es im Herbst?

Bilde Adjektive auf *-ig* und *-lich*.

Sonne, ~~Fleck~~, Stein, Lust, **ig**, Sand, Gift, Öl

fleckig, ______________________

____

____

Herbst, ~~Gemüt~~, Sport, **lich**, Abend, Glück

gemütlich, ______________________

____

____

Tipp:

Mit **Vor-** und **Nachsilben** kannst du neue Adjektive und Verben bilden.

110 Bilde neue Verben

Verwende die Vorsilben *ver-* und *ent-*.

stehen, rechnen, **ver**, kaufen, ~~stecken~~, schreiben, schlafen

verstecken, ______________________

____

____

~~lassen~~, decken, **ent**, kommen, führen, stehen, kleiden

entlassen, ______________________

____

____

111 Alle sind verwandt

Ordne die beiden Wortfamilien in die Tabelle ein.
Unterstreiche zuerst den Wortstamm.

verfahren umbauen abfahren aufbauen er fährt
Fahrbahn Bau Baustelle Fuhrwerk Bauwerk
gefahren Neubau anbauen Fähre

bauen	fahren

Tipp:

Zu einer **Wortfamilie** gehören alle Wörter mit einem **gemeinsamen Stamm.**
Achtung: Dieser Stamm muss aber nicht immer gleich sein (z. B. **Fahr**t, **Fuhr**werk).

Tipp:

Zu einem Wortfeld gehören Wörter, die eine **ähnliche oder gleiche Bedeutung** haben.

112 So ähnlich

Suche mindestes drei Wörter zum Wortfeld *regnen*.

____

____

____

113 Weißt du das?

Schreibe diese Verben zu den passenden Wortfeldern.

starren rufen schauen hüpfen betrachten
laufen fragen schleichen flüstern

sehen: ______________________________

gehen: ______________________________

sprechen: ______________________________

114 Kunterbunt

Hier sind drei Wortfelder durcheinandergeraten.
Kannst du sie ordnen?

trippeln schauen starren rufen hasten blicken
gucken murmeln reden laufen flüstern hüpfen
plappern spähen betrachten rennen bemerken eilen

sehen	sprechen	gehen

Tipp:

- Wir berichten und erzählen in **Aussagesätzen.**
- Wenn wir etwas wissen wollen, stellen wir einen **Fragesatz**.
- Für Wünsche, Befehle und Bitten benutzen wir den **Aufforderungssatz**.

115 Ich sage dir etwas

Färbe Aussagesätze grün, Fragesätze rot und Aufforderungssätze blau.

Das Gespenst saß auf der Kiste

Setz dich

Gib mir bitte den Stift

Wie geht Lore ins Bett

Lore geht traurig ins Bett

Bitte, lass das

Wo saß es gestern

Wer sitzt auf der Kiste

Geh ins Bett

116 Was steht am Schluss?

Ergänze Punkt, Ausrufezeichen oder Fragezeichen.

a) Die Sonne scheint____

b) Komm her, mach schnell____

c) Gib mir dein Heft____

d) Woher kommt das Auto____

e) Lauf, hol dir den Ball____

f) Halt bitte die Tasche auf____

g) Willst du einen Apfel____

h) Sei endlich still____

i) Geht ihr mit uns schwimmen____

j) Was hast du gesagt____

k) Wann fahrt ihr nach Hause____

l) Geh schneller____

m) Die Kinder stehen vor dem Kino____

n) Lore und Felix haben Hunger____

o) Der Vampir segelte durch die Luft____

Tipp:

Am Ende eines Aussagesatzes steht ein **Punkt** (.).
Am Ende eines Ausrufesatzes steht ein **Ausrufezeichen** (!).
Am Ende einer Frage steht ein **Fragezeichen** (?).

117 In der Pause

In der Pause geht es in der 3 a sehr wild zu. Alle reden durcheinander. Kannst du die passenden Satzzeichen ergänzen?

- Wo wohnst du
- Gib mir bitte das Buch
- Komm schnell her
- Jan ist krank
- Wer ist dein Bruder
- Lars hat Durst
- Wie heißt du
- Gleich ist die Pause vorbei

118 Umstellung

Stelle die Satzglieder um. Welche sinnvollen Aussagesätze findet du?

Opa Waldemar | liegt | lange | im Liegestuhl

Tipp:

Ein Satz besteht aus mehreren **Satzgliedern**.
Satzglieder bestehen aus **einem** oder **mehreren** Wörtern.
Satzglieder kannst du **umstellen**.

119 Im Garten

Stelle die Sätze so um, dass sie nicht mit *Sie* anfangen.

Lena ist im Garten.

Sie sucht eine Schere im Gartenhäuschen.

Im ____

Sie schneidet einige Blumen mit der Schere ab.

Mit ____

Sie bringt die Blumen schnell ins Haus.

Die ____

Sie stellt diese im Zimmer in eine Vase.

Im ____

Sie zeigt die Vase mit den Blumen ihrer Oma.

Die ____

120 Am Geburtstag

Male den Satzgegenstand rot an.

a) Die | Kinder | gehen | ins Kino .

b) Sie | wollen | einen Gespensterfilm | sehen .

c) Kai und ich | feiern | Geburtstag .

d) Gestern | feierten | wir | im Garten .

Tipp:

Ein wichtiges Satzglied ist der **Satzgegenstand**.
Du fragst nach ihm mit **Wer oder Was?**

121 Wer oder was?

Unterstreiche den Satzgegenstand.

a) Der Buntstift liegt auf dem Tisch.

b) Gestern schrieb ich einen Brief.

c) Wir kochen eine Suppe.

d) Auf der Wiese liegt ein Ball.

e) Rebecca liest ein spannendes Buch.

f) Ihr geht den falschen Weg.

Tipp:

Der Satzgegenstand ist meistens ein Nomen mit Artikel oder ein Pronomen. Er sagt uns, **wer** etwas tut.

122 Ein Sommertag

Ergänze den Satzgegenstand so, dass sinnvolle Sätze entstehen.

Die Katze | Ich | Die Sonne | Klaus | Eine Birne | Wir

a) ____________________ scheint heute sehr heiß.

b) ____________________ sitze auf einem Apfelbaum.

c) ____________________ fällt vom Birnbaum.

d) ____________________ fängt eine Maus.

e) ____________________ malt ein Bild.

f) ____________________ essen Kuchen.

123 Was wird getan?

Markiere die Satzaussage grün.

Die Klasse 3b	verkauft	alte Kinderbücher
Susi und Jan	schreiben	ein Plakat
Die Schnecken	fressen	Blumen
Claras Freundin	sucht	eine Schere
Jonas	füttert	seine kleine Schwester

Tipp:

Das wichtigste Satzglied ist die **Satzaussage**.
Sie sagt dir, **was gemacht** wird.
Die Satzaussage ist **immer ein Verb**.

124 Heute Mittag

Ergänze die fehlende Satzaussage, sodass sinnvolle Sätze entstehen.

packt | läuten | schwimmt | gehen | kochen | lauft

a) Hera und ich ____________________ Nudeln.

b) Daniel ____________________ seinen Rucksack.

c) Der Fisch ____________________ im Aquarium.

____________________ nach Hause!

e) Die Glocken ____________________ um 12 Uhr.

f) ____________________ die Kinder zu einer Gartenparty?

125 Was passiert da?

Unterstreiche den Satzgegenstand rot
und die Satzaussage blau.

a) Jeremias und Dora fahren morgen ins Zeltlager.

b) Basteln Kai und ich eine Wanduhr
oder einen Burgturm?

c) Anna läuft schnell zum Supermarkt.

d) Im Sommer besuchen wir unsere Freunde
auf der Insel Juist.

e) Wartet Tim an der Ampel?

f) Opa Waldemar fliegt allen davon.

g) Fliegt die Rakete zum Mond?

h) Der Indianer schwingt das Lasso.

i) Maya bastelt eine Ritterburg.

j) Kommt nicht zu spät!

126 Stimmt das?

Verbinde so, dass sinnvolle Sätze entstehen. Schreibe dann die Sätze richtig auf ein Blatt.

Der Vogel	fährt	einen roten Pulli
Das Schiff	fängt	in den Hafen
Die Katze	strickt	in seinem Käfig
Anna	flattert	eine Maus

127 Repariert Vater eine Antilope?

Bilde drei sinnvolle Aussagesätze.

Pauls Vater	repariert	Das Flugzeug
jagen	Die Löwinnen	fliegt
eine Warteschleife	eine Antilope	den Rasenmäher

128 Ein Urlaubstag

Unterstreiche im Text die Nomen im Singular grün, die Nomen im Plural rot.

Leon und sein Vater schlendern durch eine große Stadt in Marokko. Sie laufen durch viele enge Gassen. Schließlich erreichen sie einen kleinen Marktplatz. Es duftet nach Blüten, Früchten und Gewürzen. Kunstvoll aufgeschichtete Apfelsinen, Aprikosen, Datteln und Feigen können gekauft werden. Ein schwer beladener Esel sucht sich seinen Weg. Kleine Jungen drängeln sich mit Kisten auf den Köpfen durch die Menschenmenge. Leon ist zutiefst beeindruckt von den Geräuschen, den Düften und dem unglaublichen Gedränge.

Tipp:

Nomen sind Namen für **Lebewesen** und **Dinge**. Sie werden immer **großgeschrieben**.

129 Viele Dinge

Ergänze den Artikel. Dann bilde den Plural.

a) das Haus – die Häuser

b) ______ Schloss – ________________

c) ______ Gans – ________________

d) ______ Dose – ________________

e) ______ Schuh – ________________

f) ______ Pferd – ________________

g) ______ Birne – ________________

h) ______ Tisch – ________________

i) ______ Delfin – ________________

j) ______ Apfel – ________________

Tipp:

Alle Nomen können mit einem **bestimmten** (*der, die, das*) oder **unbestimmten** (*ein, eine, ein*) **Artikel** stehen. Im Plural heißt der Artikel *die*.

130 Was fühlst du?

a) Kreise die Nomen ein, die für gedachte Dinge (Eigenschaften, Gedanken, Gefühle) stehen.

Freude Glück Stock Trotz Pony Wiese Klugheit Taste Lampe Bleistift Dummheit Wolke Frechheit Hund Dach Maus Hoffnung Blume Schirm Liebe Computer Angst

b) Schreibe die neun Nomen für die gedachten Dinge hier mit ihrem Artikel auf.

die Freude, ______________________________

____

____

Tipp:

Nicht nur Menschen, Tiere und Dinge haben Namen, sondern auch **gedachte Dinge** (z. B. Eigenschaften, Gedanken und Gefühle).

131 Frage-und-Antwort-Spiel

Unterstreiche in den Sätzen die Satzglieder, die Antwort auf die Frage geben.

Wer geht heute ins Theater?

Felix und Lena gehen heute ins Theater.

Wer bereitet die Segeljolle vor?

Laura und Lucca bereiten die Segeljolle vor.

Wer kontrolliert die Hausaufgaben?

Herr Meier kontrolliert die Hausaufgaben.

Tipp:

Nomen stehen immer in einem der **vier Fälle**.
Diese heißen:

1. Fall = **Wer**-Fall	**Paul** läuft durch den Park.
2. Fall = **Wessen**-Fall	**Pauls** Hund ist auch dabei.
3. Fall = **Wem**-Fall	Paul gibt **dem Hund** einen Stock.
4. Fall = **Wen**-Fall	Paul trifft **seine Freunde**.

132 Aufgepasst!

Stelle Fragen nach den hier unterstrichenen Satzgliedern. Vorsicht, es ist nicht immer derselbe Fall.

a) Gestern ging Lillis Bruder ins Kino.

Wessen Bruder ging gestern ins Kino?

b) Vater putzt sein Motorrad.

___

c) Eben hat Jan Vaters Brille gefunden.

___

d) Klaus deckt den Tisch.

___

e) Der kleine Junge lief davon.

___

f) Im Hof lag Annas Roller.

___

g) Die Zähne des Hais sind spitz.

___

133 Schulaufgaben

Bestimme die Fälle der unterstrichenen Wörter.

a) Mein Bruder ist super in Mathe. ____ Fall

b) In seiner letzten Arbeit hatte er eine glatte 1. ____ Fall

c) Jetzt übt er öfters mit mir. ____ Fall

d) Meine Mutter verliert zu schnell die Geduld. ____ Fall

e) Deshalb finde ich es super, dass
mein Bruder mir hilft. ____ Fall

f) Nur wenn die Freundin meines Bruders
kommt, hat er keine Lust. ____ Fall

g) Dann muss ich mich immer
aus seinem Zimmer verdrücken. ____ Fall

h) Ich weiß auch nicht warum. ____ Fall

i) Ich wüsste zu gerne,
was die da immer machen. ____ Fall

j) Morgen gucke ich mal
durch das Schlüsselloch! ____ Fall

134 Je nach Fall

Ergänze den passenden Artikel.

a) Der Jäger beobachtete _______ kranken Fuchs.

b) Der Kellner dankte _______ Gast für das Trinkgeld.

c) Der Lastwagenfahrer prüfte _______ Luftdruck

_______ Räder.

d) _______ Pilze sammelte _______ Familie Schnock gestern.

e) Florian hilft _______ Opa im Garten.

f) Julian zeigt _______ Freunden _______ Versteck.

Tipp:

Der **Artikel** vor dem Nomen **verändert sich** je nach Fall ebenfalls.

135 Formel-1-Rennen

Setze den richtigen bestimmten Artikel ein
(*der, die, das, des, dem, den*).

Vor der Formel-1-WM trafen sich ______ Rennfahrer aller Länder. ______ Rennfahrer ______ italienischen Teams war ______ Reportern gut bekannt, denn er stammt aus Deutschland. Sie stellten ______ Fahrer viele Fragen und schossen zahlreiche Fotos. ______ Abschiedsfoto ______ Rennfahrers wurde in allen Zeitungen abgedruckt, sodass ______ Gesicht ______ Deutschen in ______ Ländern ______ ganzen Welt bekannt wurde.

136 Was machen die Freunde?

Frage nach dem unterstrichenen Satzglied.

a) Kevin und Louis geben ihrem Freund eine CD.

____

b) Clara schreibt der Oma einen langen Brief.

____

c) Vera half dem alten Mann in die Straßenbahn.

____

137 Die Verabredung

Unterstreiche in dem Telefongespräch die Pronomen.

„Hallo, hier sprechen Lena und Sven. Wir wollten dich fragen, ob du mit uns spielen willst?“
„Klar, soll ich meinen Ball mitbringen?“
„Ja, und bring deinen Bruder auch mit. Dann könnt ihr beide gegen uns spielen. Das wird toll.“
„Ob Jule auch Lust hat?“
„Sie hat keine Zeit und ihr Bruder Peter auch nicht. Er muss zum Arzt. Aber wir könnten Jan und Micha fragen. Sie werden bestimmt kommen.“
„Prima, also bis um drei Uhr.“

Tipp:

Pronomen ersetzen Namen. Es gibt p**ersönliche Pronomen** (*ich, du, er, sie, es, wir, ihr, sie*) und **besitzanzeigende Pronomen** (*mein, dein, sein, unser, euer, ihr*).

138 Die böse Stiefmutter

Setze in diesem Brief der bösen Stiefmutter Pronomen in die Lücken ein.

Sehr geehrter Herr Zwerg,

wie mir ________ Spiegel verriet, halten ________ in ________ Haus hinter den sieben Bergen ________ Stieftochter gefangen. Eigentlich hatte ich ________ Jäger beauftragt, sie in den Wald zu bringen. Wie Schneewittchen nun zu ________ gekommen ist, weiß ich leider nicht. ________ Mann und ich möchten ________ Tochter baldmöglichst wiederhaben. Sorgen ________ dafür, dass die Prinzessin bis morgen früh um neun wieder bei ________ im Schloss ist, sonst sehe ich mich gezwungen, ________ Jäger nochmals zu schicken. Diesmal bringt er dann allerdings ________ Gewehr mit. Außerdem habe ich in ________ Küche noch einige Äpfel vorbereitet, die ________ ordentlich den Magen verderben könnten, wenn ________ nicht tun, was ich von ________ wünsche.

Mit freundlichen Grüßen

d.b.K.

die böse Königin

139 Du und Susi

Verbinde die Nomen mit den passenden Pronomen.

Lisa   Felix   Kai und ich   du und Susi   das Baby

wir	ihr	sie	es	seine	ihr	sie	ihr	er

Vaters Tasche   Lisas Roller   Kais und Monis Ball   Beo und Tina

140 In den Wäldern Asiens

Ergänze die fehlenden Pronomen.

Ruhelos schleicht der Tiger in __________ Käfig hin und her. __________ träumt von den Wäldern Asiens, während die Zuschauer __________ neugierig betrachten. Endlich bringt __________ der Wärter seine Mahlzeit. Das Affenkind schaukelt an einem Seil. Plötzlich gibt __________ die Affenmutter einen Klaps. Dann schnappt sie __________ und beginnt __________ Fell zu lausen. Die Bärin schläft, während __________ Junges auf einem Baumstamm turnt. Schließlich will der Kleine mit __________ spielen. Aber __________ brummt nur.

141 Briefwechsel

Frage nach den Pronomen.

Ich habe meinem Onkel einen Brief geschrieben.

________ hat dem Onkel geschrieben?

Hoffentlich schreibt er mir bald zurück.

________ soll er zurückschreiben?

Vielleicht lädt er mich wieder auf seinen Bauernhof ein.

________ lädt er vielleicht wieder ein?

Tipp:

Wie die Nomen stehen auch die Pronomen immer in einem der vier Fälle. Du kannst sie mit *wer, wessen, wem, wen* (oder *was*) erfragen.

142 Ferienpläne

Unterstreiche alle Verben.

„Juchhu, endlich Ferien!“, ruft Mika. „Jetzt kann ich schwimmen, rudern, reiten und lesen, wann ich will. Drei Wochen lang keine Schulaufgaben, keine Schule.“ „Gleich morgen spiele ich mit Peter im Garten, klettere auf die Bäume und spaziere mit Bello durch die Felder“, freut sich Anna, und Michael beschließt zu basteln, zu zaubern, zu backen und zu boxen. „Wenn es regnet, werde ich fernsehen, malen oder schlafen“, lacht Mika.

Tipp:

Verben stehen entweder in der **Grundform** oder in der **Personalform**. Die Personalformen sind verschieden. Verben sagen dir, **was jemand tut** oder **was geschieht** (Ich lese. Es donnert.). Verben schreibst du klein.

143 Ich und du

Ergänze die fehlenden Personalformen.

	schreiben	laufen	essen	schwimmen
ich	schreibe	laufe	______	______
du	______	läufst	______	schwimmst
er*	schreibt	______	isst	______
wir	______	______	essen	______
ihr	______	lauft	______	______
sie	schreiben	______	______	______

* Hinweis: Statt *er* kann ebenso *sie* oder *es* stehen.

144 Die Einladung

In welcher Zeitform stehen die Verben in diesen Sätzen?

a) Gestern schrieb ich meinem Freund einen Brief.

____

b) Ich habe ihn zu meiner Geburtstagsparty eingeladen.

____

c) Hoffentlich wird er mir bald antworten.

____

d) Ich will schließlich wissen, ob er kommt!

____

Tipp:

Verben sagen uns auch, **wann etwas getan wird** oder geschieht. Ereignisse können in der Vergangenheit, der Gegenwart oder der Zukunft liegen.

145 Längst vorbei!

Setze die Verben in die drei Zeitformen.

Grundform	Präsens	Imperfekt	Futur
laufen	ich laufe	ich lief	ich werde laufen
malen	________	________	________
wandern	________	________	________
schlafen	________	________	________

Tipp:

Das Perfekt bildest du mit *haben* oder *sein*, das Futur mit *werden*.

146 Was nimmst du dazu?

Bilde auch diese Zeitform.

Grundform	Perfekt
laufen	ich bin gelaufen
malen	ich habe ________
wandern	________
schlafen	________

147 Schöne Geschichten

Setze die richtigen Zeitformen der Verben ein.

hatte verfasst | haben werden | hat geschrieben | begann | lesen | erschien

Vor einigen Jahren ____________________ der erste Band zu Harry Potter.

Damit ____________________ Joanne K. Rowlings Karriere als Autorin. Sie ____________________ immer schon gerne Geschichten ____________________.

Vor dem ersten Band ____________________ sie schon das Ende des letzten Bandes ____________________.

Viele Kinder auf der ganzen Welt ____________________ gerade einen Harry-Potter-Band. Ob die sieben Bände wohl auch so einen dauerhaften Erfolg ____________________ wie andere Kinderbuchklassiker?

148 Das Wetter

Unterstreiche die Adjektive.

„Endlich ist das Wetter wieder schön und sonnig“, strahlt Frau Riedel. „Das ist gut“, stimmt Herr Schulz zu. „Nun können wir wieder einen blauen Himmel mit kleinen weißen Wolken sehen. Ich bin froh, dass die trüben Wochen mit dicken Wolken und dichtem grauem Nebel vorüber sind.“ „Nächste Woche soll es jedoch heftige Stürme und schwere Gewitter geben“, erklärt Frau Riedel. „Aber heute genießen wir trotzdem erst einmal das herrliche warme Wetter.“

Tipp:

Adjektive beschreiben die **Eigenschaften** von Lebewesen und Dingen. Du schreibst sie **klein**. Adjektive **verändern ihre Form**, wenn sie bei einem Nomen stehen (leicht – die leicht**e** Feder).

149 Wie sind die Dinge?

Ergänze das passende Adjektiv.

hell · klein · blau · süß · schnell · leicht · spitz · gelb

a) Eine Feder ist ______________.

b) Der Himmel ist ______________.

c) Die Rakete ist ______________.

d) Die Sonne ist ______________.

e) das ______________ Stroh

f) der ______________ Honig

g) das ______________ Baby

h) eine ______________ Nadel

150 Im Versteck

Welche Adjektive verstecken sich in diesen Nomen?

a) Gesundheit: gesund

b) Übelkeit: ______________

c) Blindheit: ______________

d) Buntstift: ______________

e) Glatteis: ______________

f) Macht: ______________

g) Genialität: ______________

151 Süß – noch süßer

Steigere die Adjektive.

dick dicker am dicksten

Grundstufe	1. Vergleichsstufe	2. Vergleichsstufe
alt		
klug		
wild		
eng		

Tipp:

Adjektive können **gesteigert** werden. So kannst du besser unterscheiden und vergleichen. Aber Achtung! Manche Adjektive können nicht gesteigert werden (z. B. *leer*).

152 Was ist am besten?

Ergänze die Lücken.

Der Papagei ist klug. – der kluge Papagei

Der Affe ist klüger. – der ___________ Affe

Der Delfin ist am klügsten. – der ___________ Delfin

Tante Helgas Kuchen ist fein. – der ___________ Kuchen

Mamas Kuchen ist feiner. – der ___________ Kuchen

Omas Kuchen ist am feinsten. – der ___________ Kuchen

153 Vergleiche miteinander

Vergleiche mit *als* (groß, spitz, dick, hoch).

Timo ist größer als Klaus

Der Turm ist ____________

________ das Haus.

Die Nadel ist ____________

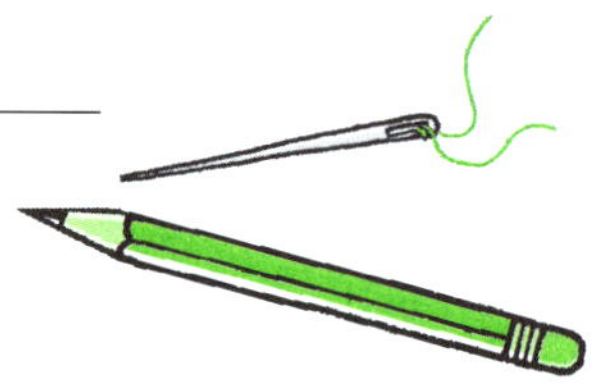

________ der Bleistift.

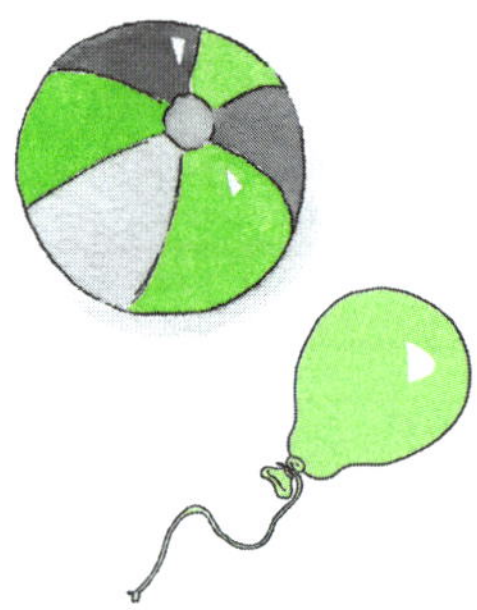

Der Ball ist ____________

________ der Luftballon.

154 Spannender Vergleich

Jan vergleicht seine Familie mit Tieren. Vergleiche mit *wie* (dumm, fleißig, listig, stark).

Mein Vetter ist so ____________ ________ ein Fuchs.

Meine Mutter ist so ____________ ________ eine Biene.

Mein Vater ist so ____________ ________ ein Bär.

155 Wer oder was ist genauso?

Setze ein: *als* oder *wie*?

a) so bunt ______ ein Schmetterling

b) heller ______ die Sonne

c) hungrig ______ ein Löwe

d) groß ______ ein Baum

e) älter ______ Methusalem

f) größer ______ ein Baum

g) dunkler ______ die Nacht

h) dumm ______ Stroh

i) länger ______ drei Meter

j) grüner ______ Gras

k) schnell ______ ein Hase

l) schuppig ______ ein Fisch

m) schlauer ______ ein Fuchs

n) grün ______ Gras

o) spannend ______ ein Krimi

p) schlau ______ ein Fuchs

Tipp:

Wir sprechen von **zusammengesetzten Wörtern**, wenn ihre Bestandteile selbstständige Wörter sind. Sie können aus verschiedenen Wortarten stammen.

156 Aus eins mach zwei

Viele Wörter sind aus mehreren Wörtern zusammengesetzt. Zerlege die folgenden Wörter in ihre Bestandteile.

a) Bergspitze ______________________

b) federleicht ______________________

c) hellrot ______________________

d) vorbeischauen ______________________

e) Lastwagen ______________________

f) nachlaufen ______________________

157 Ordne richtig ein

Bilde neue Nomen, und schreibe sie in die Tabelle.

rot + Wein

bunt + der Stift

klein + der Bauer

das Haus + die Tür

rennen + das Pferd

spitz + die Hacke

lesen + das Buch

der Tisch + die Lampe

waschen + die Maschine

die Sonne + der Schirm

aus Nomen und Nomen	aus Verb und Nomen	aus Adjektiv und Nomen

158 Was ist hier das Grundwort?

Setze die Wörter zusammen,
und schreibe sie mit Artikel auf.

a) das Licht + der Strahl = ____________________

b) der Regen + die Wolke = ____________________

c) das Zimmer + der Schlüssel = ____________________

Tipp:

Den ersten Teil eines zusammengesetzten Nomens nennt man **Bestimmungswort**, den zweiten Teil nennt man **Grundwort**. Der **Artikel** richtet sich immer **nach dem Grundwort**.
Bei den Zusammensetzungen muss das erste Wort manchmal verändert werden. Dann wird es entweder verkürzt oder erweitert.

159 Der Drache und das Baby

Bilde solche Zusammensetzungen.
Schreibe sie mit Artikel auf.

a) die Hüfte + das Gelenk = ____________________

b) der Drache + das Baby = ____________________

c) das Kind+(er) + das Zimmer = ____________________

d) die Arbeit+(s) + der Lohn = ____________________

160 Magst du dunkelgrün?

Bilde neue Wörter.

a) rot + blau = ______________________

b) hell + blau = ______________________

c) zurück + laufen = ______________________

d) fort + fahren = ______________________

e) wider + stehen = ______________________

f) Feuer + rot = ______________________

Tipp:

Du kannst neue Adjektive und Verben durch Zusammensetzungen bilden.

161 Welche Wörter sind versteckt?

Schreibe sie hinter jedes Wort.

a) unheimlich ______________________

b) Mitschüler ______________________

c) malerisch ______________________

d) bewohnbar ______________________

e) erfinderisch ______________________

f) Frühling ______________________

g) dankbar ______________________

h) unendlich ______________________

i) Unordnung ______________________

j) Zeichnung ______________________

Tipp:

Neue Wörter werden nicht nur durch Zusammensetzungen von verschiedenen Wörtern gebildet, sondern auch durch Hinzufügen von Vor- oder Nachsilben (z. B. *ge-, un-, ur-, ver-* bzw. *-lich, -bar, -ung* usw.). Die **Vor- und Nach-silben** können den **Sinn** der Wörter **verändern**.

162 Baukasten

Bilde mit dem vorangestellten Wortbaustein und den folgenden Wörtern jeweils ein Verb und ein Nomen:

Vor-/vor-

geben: ______________________

gehen: ______________________

tragen: ______________________

Ent-/ent-

nehmen: ______________________

scheiden: ______________________

ziehen: ______________________

Ab-/ab-

fahren: ______________________

geben: ______________________

sprechen: ______________________

Weg-/weg-

gehen: ______________________

fahren: ______________________

fallen: ______________________

163 Welche Bedeutung hat das dann?

Bilde Verben aus den Wortbausteinen *ent-*, *aus-*, *be-*, *an-*, *nach-* und diesen Grundformen:

a) geben: ______________________________

____

____

b) denken: ______________________________

____

____

c) stehen: ______________________________

____

____

d) gucken: ______________________________

____

____

164 Was geht, was nicht?

Mit welchen Wortbausteinen kannst du die Verben und Adjektive zusammensetzen? Es gibt mehrere Möglichkeiten! Schreibe jeweils 3 Möglichkeiten auf.

ent– miss–
un– an–
aus– nach–
be–

–geben	–decken	–menschlich
–zweifeln	–handeln	–rutschen
–ruhigen	–suchen	–kleiden
–denkbar	–denken	–ahmen
–verstehen	–lachen	–nehmen
–ausstehlich	–ziffern	–achten
–ziehen	–sprechen	–schauen

ent-: __________

un-: __________

aus-: __________

be-: __________

miss-: __________

an-: __________

nach-: __________

165 Findest du alle?

Bilde Nomen mit *-heit* und *-keit*.

gesund, tapfer, schwach, sauber, krank

ehrlich, dumm, übel, klug, sparsam, sicher

-heit

-keit

166 Rettung oder Gefangenschaft?

Wie heißen die Nomen? Unterstreiche den Wortstamm.

-ung		-schaft	
genesen	____________	Mann	____________
planen	____________	gefangen	____________
beziehen	____________	Freund	____________
teilen	____________	bekannt	____________
bluten	____________	wissen	____________
wohnen	____________	wandern	____________
retten	____________	Feind	____________
rund	____________	Meister	____________

167 Finsternis oder Erleuchtung?

Verwandle die Verben oder Adjektive durch einen nachgestellten Wortbaustein zu je einem Nomen.

finster: ____________ heizen: ____________

eitel: ____________ erziehen: ____________

eignen: ____________ einig: ____________

ereignen: ____________ begeben: ____________

freundlich: ____________ verlegen: ____________

168 Endlich kommt das Glück!

Bilde zu jedem Wort ein Adjektiv, indem du die Wörter mit den passenden Nachsilben zusammensetzt.

-lich -ig -isch

Glück: ______ Art: ______

lang: ______ Kritik: ______

Durst: ______ Furcht: ______

kosten: ______ Sturm: ______

Ende: ______ Tier: ______

rutschen: ______ folgen: ______

Schmerz: ______ Gefahr: ______

169 Alle möglichen Adjektive

Verwende die Nachsilben *-bar, -haft, -los* oder *-sam.*

Sprung: sprunghaft

Wunder: ______

Furcht: ______

Schmerz: ______

Fehler: ______

Zahl: ______

170 Knackst du sie?

Welche Verben verstecken sich in diesen Adjektiven?

vergeblich: geben, vergeben

nachdenklich: ______

gebräuchlich: ______

abfällig: ______

hilflos: ______

undankbar: ______

gebrechlich: ______

endlich: ______

171 Noch eine harte Nuss

Welche Verben verstecken sich in diesen Nomen?

Wegfall: fallen

Abfahrt: ______

Entnahme: ______

Vorgang: ______

Aufsatz: ______

Umzug: ______

Vortrag: ______

172 Verwandtschaft

Suche ein verwandtes Wort oder das Stammwort zu den folgenden Wörtern.

Ärmel: Arm

Rätsel: ______________________

hässlich: ______________________

Leid: ______________________

endlich: ______________________

Däumling: ______________________

kommt: ______________________

läuten: ______________________

er fiel: ______________________

Stühlchen: ______________________

Tipp:

Wenn du nicht weißt, wie ein Wort geschrieben wird, überlege: Woher kommt das Wort? Beispiele:
Fähnchen kommt von Fahne,
Mäuse kommt von Maus,
brummt kommt von brummen.
Wörter, die einen **gemeinsamen Stamm** haben, bilden eine **Wortfamilie**. Aber Vorsicht, der Wortstamm ist nicht immer gleich (z. B. Fahrt, Zufuhr)!

173 Eine Familie

Male jeweils die drei Wörter, die zu einer Familie gehören, in derselben Farbe an.

abfahren Gefahr schreiben Gelächter Schrift

Fähre Schreibheft meinen greifen Angreifer

lachen lachhaft Griff Traum Sage

Meinung träumen Absage gemein sagen

verträumt

174 Was passt nicht?

Streiche alle Wörter durch, die nicht zur Familie *bauen* gehören.

Bauer Gebirge einbauen Bauch

Bäuerin Bau bald Berg Blick Bild blicken

Baustelle Bäume Gebäude aufbauen

175 Der Wortstamm hilft dir

Ordne die folgenden Wörter zu ihrer richtigen Familie, und unterstreiche jeweils den Wortstamm.

Stellplatz durchfallen Überfall schwerfällig ~~abstellen~~
~~Fall~~ bestellen zweistellig Arbeitsstelle Stelle
gefällig feststellen Gefälle Falltür Haltestelle
zufällig Wasserfall Einfall

stellen	fallen
abstellen, ______	Fall, ______
______	______
______	______
______	______
______	______
______	______
______	______

Tipp:

Pass auf, dass du Wortfamilie und Wortfeld nicht verwechselst. Ein **Wortfeld** ist eine Zusammenstellung mehrerer Wörter, die eine **gleiche** oder **ähnliche Bedeutung** haben, z. B. sagen, flüstern, rufen, erklären...

176 So oder so ähnlich

Suche mindestens zwei Wörter mit gleichem Sinn zu den folgenden Wörtern.

schlagen: ______________________

fassen: ______________________

fahren: ______________________

singen: ______________________

suchen: ______________________

malen: ______________________

177 Familie Sämann im Zoo

Unterstreiche in dem Text die Fragesätze rot und die Aufforderungssätze grün.

„Gehen wir auch zu den Raubtieren?“, fragt Leonie. „Natürlich, aber zuerst gehen wir zu den Giraffen“, erklärt der Vater. „Halt, halt!“, kreischt der kleine Samuel. „Ich will zuerst zu den Pinguinen.“ Und schon läuft er los. „Komm sofort zurück!“, ruft Leonie verärgert. Aber Samuel rennt so schnell er kann. „Soll ich ihn zurückholen?“, fragt Leonie. „Da musst du aber schnell laufen“, meint die Mutter. „Das glaube ich nicht“, antwortet Leonie. Dann ruft sie laut: „Vorsicht, Samuel, eine Wespe! Sie ist ganz nah bei dir. Pass auf, dass du nicht gestochen wirst!“ „Wo? Wo ist sie denn?“, fragt Samuel aufgeregt. Wie der Blitz kommt er wieder zurückgelaufen.

Tipp:

- Wir berichten und erzählen in **Aussagesätzen**.
- Wenn wir etwas wissen wollen, stellen wir einen **Fragesatz**.
- Für Wünsche, Befehle und Bitten benutzen wir den **Aufforderungssatz**.

178 Eine Reise nach Köln

Stelle die Sätze um. Bilde zuerst einen neuen Aussagesatz und dann einen Fragesatz.

Beispiel: Uli fährt nach Köln. A: Nach Köln fährt Uli.
F: Fährt Uli nach Köln?

a) Der Koffer ist zu voll.

A: ______________________________.

F: ______________________________?

b) Der Tag vergeht wie im Fluge.

A: ______________________________.

F: ______________________________?

c) Opa kommt nächstes Wochenende.

A: ______________________________.

F: ______________________________?

179 Was steht am Ende?

Ergänze die fehlenden Satzzeichen.

Hast du Lenny gesehen___ Oh, wie schön___

Komm endlich___ Heute ist es heiß___

Wann kommst du___ Hilfe, Hilfe___ Seid leise___

Die Sonne scheint___ Wie geht es dem Baby___

Ach, du Schreck___ Laura malt ein Bild___

Schläft Opa Waldemar___ Gib mir bitte das Salz___

Hör auf damit___ Die ganze Familie ist im Kino___

Oh weh, ich habe mich verbrannt___

Tipp:

Am Ende eines Aussagesatzes steht ein **Punkt** (.).
Am Ende eines Ausrufesatzes steht ein **Ausrufezeichen** (!).
Am Ende einer Frage steht ein **Fragezeichen** (?).

Tipp:

Ein Satz besteht aus mehreren Satzgliedern. Das Subjekt sagt dir, **wer etwas tut**.

180 Wer tut hier was?

Male immer das Subjekt farbig an.

a) Die Blumen | blühen.

b) Im Sommer | fährt | Familie Schulz | an die See.

c) Maria | spielt | im Garten.

d) Gestern | gab | er | mir | ein Geschenk.

c) Markus | liest | ein Buch.

181 Wer oder was?

Kreise hier das Subjekt ein.

a) Die Sonne scheint.

b) Gestern bauten die Kinder eine Sandburg.

c) Lena schreibt eine Geschichte.

d) Ich sitze in der Küche.

Tipp:

Das Subjekt kann aus einem Nomen (der Hund), mehreren Wörtern (der große Hund Bello) oder einem Pronomen (du) bestehen.
Das Subjekt antwortet auf die Frage *Wer?* oder *Was?*

182 Was macht Sinn?

Verbinde mit dem richtigen Subjekt. Es muss in Sinn und Form zum übrigen Satz passen.

a) Das Kind	knurrt.
b) Wir	besuche dich morgen.
c) Der große Hund	rufen dich an.
d) Ich	liest ein Buch.

183 Was tut jemand?

Ergänze das Prädikat.

a) Peter ____________________ Milch.

b) Die Kühe ____________________ Gras.

c) Die Lampe ____________________.

d) Ihr ____________________ hoffentlich morgen.

e) Sara ____________________ eine Geschichte _________.

f) Ich ____________________ dich _________.

g) Lena _________ gestern Geige ____________________.

Tipp:

Das **Prädikat** sagt aus, **was das Subjekt tut**.
Es gibt einteilige und zweiteilige Prädikate.
Das Wichtigste im Satz ist das Prädikat. Es ist der Kern des Satzes. Daher heißt es auch **Satzkern**.

184 Findest du sie?

Unterstreiche die Prädikate.
Beispiele:
Peter liest ein Buch. Jule sieht am liebsten fern.
Er malt ein Bild. Er hat gestern ein Bild gemalt.

a) Vater sitzt auf dem Sofa.
b) Die Kinder stellen das Indianerzelt auf.
c) Viele Leute nehmen an der Feier teil.
d) Spät am Abend gehen sie heim.
e) Sie hatte ihre Schulaufgaben schnell gemacht.
f) Morgen werden sie nach Spanien fliegen.
g) Die Butter steht auf dem Tisch.
h) Es regnet seit Tagen.
i) Felix kommt heute zurück.

185 Im Weltraum

Wo stecken hier die Prädikate?
Unterstreiche sie.

Der Spaceshuttle kam von seinem Ausflug ins All zurück. Er holte zwei Astronauten von der Raumstation ISS ab. Zum ersten Mal flog eine Touristin mit. Sie stellte fest, wie anstrengend so ein Weltraumflug sein kann.

186 Die passende Ergänzung

Füge die passenden *Wen/Was*-Ergänzungen hinzu.

ein Fenster | den Räuber | ein spannendes Buch | uns | den Zaubertrank | seinen kleinen Idefix | einen Satz

a) Klaus malt ein Bild.

b) Die Kinder verfolgen ____________________.

c) Jule liest ____________________.

d) Max öffnet ____________________.

e) Obelix streichelt ____________________.

f) Lisa schreibt ____________________.

g) Asterix trinkt ____________________.

h) Mutter fotografiert ____________________.

Tipp:

In den meisten Sätzen hat das Prädikat eine Ergänzung. Das können die *Wen/Was*-Ergänzung oder die *Wem*-Ergänzung sein.

187 Wer findet den Dieb?

Ergänze die *Wem*-Ergänzungen. Du kannst auch komische Sätze bilden.

dem Dieb | mir | dem gestürzten Jungen | der Nachbarin | der Mutter

a) Wir helfen ____________________.

b) Die Kinder gehorchen ____________________.

c) Der Polizist folgte ____________________.

d) Es tut ____________________ leid.

e) Sie begegnete ____________________ nur selten.

188 Wem oder wen/was?

Du kannst die Art der Ergänzung erkennen, wenn du mit *Wem?* oder *Wen?/Was?* fragst. Unterstreiche die *Wen/Was*-Ergänzung rot, die *Wem*-Ergänzung blau.

a) Ich traf meine Tante.
b) Sie half ihm gerne.
c) Das Gespenst verfolgte den Ritter.
d) Anna fürchtete ihren Nachbarn.
e) Der Junge antwortete ihm nicht.
f) Ich sehe ihn nicht.

189 Das Fußballspiel

Stelle die *Wem*-Frage, und unterstreiche alle Objekte im 3. Fall blau.

a) Janosch gibt dem Ball einen Stoß.

b) Das runde Leder fliegt dem Torwart um die Ohren.

c) Freudig hört der Torschütze dem Jubel der Zuschauer zu.

d) Das Tor hat der Mannschaft den Sieg gebracht.

e) Die Spieler danken ihren Trainern für deren Taktik.

190 Hier wird's bunt

Frage in den Sätzen mit „*Wer* oder *was*?" nach dem Subjekt. Unterstreiche das Subjekt blau, das Prädikat rot und die Objekte grün.

Beispiel (grau bedeutet blau, schwarz bedeutet rot unterstrichen):
Ein heftiger Wind verdirbt den Kindern die Ferienlaune.
Wer oder was verdirbt den Kindern die Ferienlaune?
Ein heftiger Wind.

a) In diesem Fall freuen sich die Jungen auf Besuch von ihren Kusinen.

____

b) Lena und Linda zelten ganz in der Nähe bei einem Bauern.

____

c) Bestimmt überraschen sie Jasha und Joris mit ihrem Kommen.

____

d) Gemeinsam erkunden sie die Insel Mainau.

____

191 Hier erfährst du mehr

In den folgenden Sätzen erfährst du, wo und wann etwas geschieht. Erfrage die Ergänzungen mit *Wo?*, *Wohin?* oder *Wann?*.

a) Klaus spielt im Garten.

Wo ______________________________________?

b) Lisa läuft ins Haus.

______________________________________?

c) Jan und Mia kommen später.

______________________________________?

d) Die Katze sitzt im Gras.

______________________________________?

e) Die Katze klettert auf den Baum.

______________________________________?

f) Tobi frühstückt um 7 Uhr.

______________________________________?

192 Wann und wo?

Unterstreiche die Ortsangabe grün und die Zeitangabe blau.

a) Lisa sitzt auf dem Apfelbaum.

b) Peter springt auf die Mauer.

c) Sie ist gestern mit dem Zug angekommen.

d) Lizzy fliegt dort.

e) Die Katze klettert auf den Baum.

f) Hannes kommt morgen.

g) Der Besuch kommt morgen Nachmittag.

193 An welchem Ort?

Unterstreiche die Ortsangaben grün, die Prädikate rot und die Subjekte blau.

a) Er sitzt hier.

b) Die Kinder stehen am Fenster.

c) Kai spielt dort.

d) Sie sitzen in der Küche.

e) Wir gehen hinaus.

f) Wir gehen in den Wald.

g) Sie liegen auf dem Gras.

Tipp:

Ortsangaben bestehen meistens **aus mehreren Wörtern**. Dabei sind die kleinen Wörter auf, unter, in, neben ... besonders wichtig. Sie geben **das Verhältnis** der Personen oder Sachen zueinander an. Sie heißen deshalb Verhältniswörter.

194 Wie wird das gemacht?

Beantworte die Fragen.

a) Paula läuft schnell zur Schule. Wie läuft Paula?

____

b) Kai füttert liebevoll sein Schwesterchen.
Wie füttert Kai sein Schwesterchen?

____

c) Herr Franzen reinigt gründlich sein Auto.
Wie reinigt Herr Franzen sein Auto?

____

Tipp:

Ergänzungen können auch sagen, wie etwas gemacht wird. Man nennt sie **Angaben der Art und Weise**. Man fragt nach ihnen mit *Wie*?.

195 Wie geschieht was?

Ergänze die passenden Angaben der Art und Weise.

ordentlich | sehr gründlich | vorsichtig | schnell

a) Florian läuft ______________________ zum Bäcker.

b) Sie faltet die Handtücher ______________________ zusammen.

c) Herr Klem putzt die Fenster ______________________.

d) ______________________ überqueren sie den Gletscher.

196 Wo und wie?

Unterstreiche die Ortsangaben lila, die Zeitangaben orange und die Angaben zur Art und Weise gelb.

Die Herbstzeitlose auf der Wiese blüht im Herbst und ist giftig. Ende September beginnt die Frucht des Ahorns zu fallen und dreht sich wie ein Propeller im Wind.
Die Fallschirme des Löwenzahns fliegen im Sommer ruhig an einen anderen Ort.

Tipp:

Satzglieder können aus **einem oder mehreren Wörtern** bestehen. Durch Hinzufügen oder Weglassen von Satzgliedern kannst du Sätze bauen.

197 Kurze Sätze – lange Sätze

Kreise jeweils die Satzglieder ein, und schreibe die Anzahl der Satzglieder auf.

a) (Die Feuerwehr) (kommt.) 2

b) Ein Auto hupt vor dem Haus. _____

c) Ich gehe jeden Tag zur Schule. _____

d) Gestern schrieb ich meinem Vetter

einen langen Brief. _____

198 Hannas Schulweg

a) Ergänze weitere Satzglieder (spät, nach Hause, jeden Tag).

Hanna radelt.

Hanna radelt _____________.

Hanna radelt _____________ _________.

Hanna radelt _____________ _________ _____________.

b) Welche beiden Satzglieder sind für den Satz am wichtigsten?

____________________ und ____________________

199 Pias Geschenk

a) Stelle die Satzglieder so um, dass du vier sinnvolle Sätze bilden kannst.

Pia | ihrer Freundin | schenkte | gestern | ein spannendes Buch

Pia ______________________________

Gestern ______________________________

Ein ______________________________

Ihrer Freundin ______________________________

b) Jedes Jahr | an die See | die Familie Klem | mit viel Gepäck | fährt

____

____

____

____

____

c) An wie vielter Stelle steht das Prädikat immer im Satz?

____

Tipp:

Du kannst die Satzglieder auch **verschieben** und **umstellen**.

200 Würfelsätze

a) Hier ist einiges durcheinander.
Bilde sinnvolle Aussagesätze.
b) Unterstreiche in deinen Sätzen die Satzaussage (das Prädikat).
c) Markiere den Satzgegenstand (das Subjekt).
d) Umkreise die Satzergänzung (das Objekt).

Oma | ein rotes Segelboot | besitzt

---

einen Segelschein | gemacht | hat | sie

---

hat | Oma | gekauft | eine grelle Schwimmweste

---

geschenkt | hat | sie | die | mir

Lösungen

1. Schuljahr

1

Ich habe einen Hund.
Ich habe einen Vogel.
Ich habe ein Buch.
Ich habe einen Ball.
Ich habe ein Auto.

2

Ich liebe Knochen.
Ich kann bellen und knurren.
Ich bin ein Hund.
Ich kann fliegen.
Ich kann Nester bauen und singen.
Ich bin ein Vogel.

3

Dort ist der gelbe Ball von Lisa.
Max sieht die Burg auf dem Berg.
Peter hängt das Bild auf.
Jan liest das Buch von Tobi gern.
Dort liegt der Brief für Susi.
Laura stellt die rote Blume in eine Vase.

4

ein Brief
eine Burg
ein Bild
ein Buch
ein Ball
eine Blume

5

der: Bach, Ball, Baum, Brief;
die: Blume, Birne, Butter, Burg;
das: Bein, Brot, Buch

6

Jan sagt: „Hallo, Heide."
Kevin springt über das Brett.
Sina weint.
Markus lacht.

7

Verbinde: springen – springt,
weinen – weint,
lachen – lacht,
sagen – sagt,
machen – macht,
hören – hört

8

Die Hose ist kurz.
Das Seil ist lang.
Der Baum ist groß.
Der Ball ist rund.
Die Maus ist klein.
Das Brett ist hart.

9

lang – kurz
eckig – rund
groß – klein
weich – hart

10

Jan steht hinter dem Zaun.
Tina ist im Haus.
Mutter ist unter dem Tisch.
Nora ist auf dem Stuhl.
Flora ist im Auto.

11

Du findest: HAND, AUGE, NASE, BEIN, OHR, ARM, FINGER

12

nehmen
zahlen
kaufen
essen
trinken

13

Der Hund bellt.
Die Katze jagt eine Maus.
Die Ente schwimmt auf dem Teich.
Das Pony frisst gerne Möhren.
Der Vogel fliegt von Baum zu Baum.
Die Kuh gibt Milch.

14

Mein Auto hat sechs Fenster.
Mein Auto hat eine Hupe.
Mein Auto hat fünf Türen.
Mein Auto hat ein Lenkrad.
Mein Auto hat ein Dach.

15

Peter malt einen Wald.
Tina malt eine Wiese.
Jonas malt viele Blumen.
Evi malt ein Haus.

2. Schuljahr

16

Du erkennst: TAFEL, TON, TANTE, TUBE, TOR, TASSE, TÜR, TAG

17

Opa sitzt auf einer Bank im Garten.
Uwe geht mit seinen Hunden spazieren.
Lisa pflückt auf der Wiese Blumen.
Anton liest viele Bücher.

18

Namen für Personen: Mia, Frau Pan, Lena, Max, Mutter
Namen für Tiere: Hund, Hahn, Katze, Vogel, Maus
Namen für Pflanzen: Rose, Baum, Tulpe, Gras
Namen für Dinge: Fenster, Brief, Tisch, Buch, Puppe, Schere

19

Kreise ein (hier grün markiert):

a) Hänge das Hundebild an die Wand! Kai und Karin sammeln Tierbilder. Karin sucht ein Tierbuch. Kai schreibt die Tiernamen auf. Wo ist das Nashorn?
b) Der Begleiter heißt immer die.

20

der: Hase, Hund, Vogel (Küken)
die: Katze, Maus, Schlange

21

Eine Katze miaut.
Ein Nashorn hat ein Horn auf der Nase.
Eine Giraffe hat einen langen Hals.
Ein Hahn schreit kikeriki.
Ein Huhn legt Eier.

22

das Bett – ein Bett
der Stuhl – ein Stuhl
der Schrank – ein Schrank
die Küche – eine Küche
der Herd – ein Herd
die Lampe – eine Lampe

23

Anne legt vier Bücher auf den Tisch.
Simon schreibt gerne viele Briefe.
Lukas malt auf seinem Block.
Die roten Stifte liegen im Kasten.
Liv schneidet mit einer kleinen Schere.

24

der Buntstift – die Buntstifte,
das Wasserglas – die Wassergläser,
die Teetasse – die Teetassen,
das Tischtuch – die Tischtücher

25

Kreise ein: fliegt, klettert, schläft, spielt, springt, kriecht, sitzen, liest, hüpfe, tust

26

Rita und Felix essen ihre Brote.
Maria und Bodo rechnen die Aufgabe aus.
Kai und Lisa malen ein Gesicht.
Dirk und Mia lesen Bücher.
Anja und Katrin hüpfen.
Paul, Nora und Jonas reden miteinander.
Lia und Max schreiben einen Brief.
Lotte und Emil gehen nach Hause.

27

Verbinde: er spielt – spielen,
sie lachen – lachen,
wir fahren – fahren,
ihr rennt – rennen,
ich male – malen

28

schreiben, ich schreibe, du schreibst, er schreibt;
reden, ich rede, du redest, er redet;
essen, ich esse, du isst, sie isst;
springen, ich springe, du springst, er springt

29

machen – er macht
stehen – er steht
sausen – er saust
gehen – sie geht
fliegen – sie fliegt
springen – sie springt

30

Unterstreiche: großen, kurze, lange, helle, weite, lange, flauschige, weiße, dunkle

31

In der Sonne ist es warm.
Der Schnee ist kalt.
Der Wind bläst stark.
In der Nacht ist es dunkel.

32

Das Herz ist rot.
Die Sonne ist gelb.
Der Frosch ist grün.
Der Rabe ist schwarz.
Der Himmel ist blau.
Die Schokolade ist braun.

33

eine blaue Hose
ein kleiner See
der hohe Turm
ein schmaler Weg
der lustige Clown
ein grüner Frosch
der nasse Schwamm
ein weiches Kissen
die große Kiste
ein buntes Bild

34

Ein lustiger Clown steht in der Manege. Da nähert sich ein wilder Löwe. Der starke Gewichtheber springt herein und trägt den Löwen weg. Drei kluge Seehunde spielen mit bunten Bällen. Die kleine Seiltänzerin staunt über den großen Elefanten.

35

Verbinde: größer – groß, länger – lang, härter – hart, weich – weicher

36

Die Erdbeere ist weich,
aber die Butter ist weicher.
Emmas Schal ist lang,
aber Carlas Schal ist länger.
Raffaels Haus ist groß,
aber Tonis Haus ist größer.
Die Birne ist hart,
aber meine Nuss ist härter.

37

Verbinde: alt – jung, traurig – fröhlich, böse – lieb, laut – leise

38

Max hat Ferien. Er geht mit seinem Bruder in den Zoo. Zuerst besuchen sie die Elefanten.

39

Enten, Gänse, Hühner, Ponys, Hähne, Ochsen, Ferkel, Fohlen

40

lau | fen, hel | fen, ma | len, schau | keln, bas | teln

41

Sie laufen schnell.
Sie sagen nichts.
Die Lichter strahlen.
Sie gehen heim.
Die Leute warten lange.

42

Unterstreiche: Möbelauto, Küchengeräte, Gartenmöbel, Spielzeug, Anziehsachen, Bücherkisten, Möbelträgern

43

Erdbeereis, Zwiebelkuchen, Apfelsaft, Gurkensalat, Möhrensuppe

44

Schlüsselblume, Regenwurm

45

der Schaukelstuhl,
der Kinostuhl, der Kinderstuhl, der Holzstuhl, der Küchenstuhl

6

Kreise ein: Brüderchen, Näschen, Äuglein, Härchen, Ärmchen, Ännchen

46

abfahren, hinfahren, wegfahren, zurückfahren, hinausfahren

47

vorrechnen, vorlesen, vorlaufen, verrechnen, verlesen, verlaufen

48

beschenken, verschenken, ausschenken, einschenken

49

Kreise ein (grün) *bauen:* Bauer, Anbau, Bauplan, Bau, Baustein, umbauen, bauen, Hausbau, ausbauen; (schwarz) *fahren:* vorbeifahren, gefahren, Fahrt, fahren, Fahrrad, zurückfahren, umfahren, abfahren, fahrbar

50

das Geschenk – schenken,
die Freude – freuen,
der Wunsch – wünschen,
das Spiel – spielen,
der Tanz – tanzen,
die Drehung – drehen

51

a) Kreise ein für *gehen:*
stolpern, eilen, laufen, wandern, hüpfen, rennen

b) *sagen:*
flüstern, antworten, erzählen, berichten
hören: anhören, horchen, verstehen, zuhören

52

Tina liest ein dickes Buch.
Morgen geht Papa in die Stadt.
Im Zoo gibt es viele Tiere zu sehen.

53

Diese Aussagesätze sind möglich:
Im Sommer gehen viele Kinder in das Schwimmbad.
Viele Kinder gehen im Sommer in das Schwimmbad.
In das Schwimmbad gehen im Sommer viele Kinder.
In das Schwimmbad gehen viele Kinder im Sommer.

55

Ist das Wetter schön?
Scheint die Sonne?
Schließt der Zoo bald?
Lacht Kai laut?

56

Wann werden die Löwen gefüttert?
Die Löwen werden um 11 Uhr gefüttert.
Wie heißt das Tier mit dem langen Hals?
Es heißt Giraffe.
Wer klettert am besten?
Die Affen.
Woher kommen die Elefanten? Aus Afrika und aus Asien.

57

Bitte, werft keinen Abfall auf die Wege!
Bitte, füttert keine Tiere!
Bitte, macht keinen Lärm!
Bitte, bleibt auf den Wegen!
Bitte, steckt keine Hände durch die Gitter!

58

Lest euch das Plakat dort durch! Gibt es hier auch Nashörner? Sieh mal, der Papagei! Gehen wir auch zu den Löwen? Hurra, ein Hai! Ich war schon oft im Zoo. Darf ich ein Eis haben? Es ist sehr heiß heute. Mist, ich habe mein Geld vergessen.

3. Schuljahr

59

Unterstreiche: Kai, Freund, Tag, Pech, Zeit, Fernseher, Woche, Haus, Schwefel, Mutter, Opa, Kuchen, Hörer, Blödmann, Fernsehprogramm, Gefühl, Bauch, Tür, Langeweile, Hand, Ende

60

Unterstreiche: Bremsen, Reifen, Auto, Hexe, Fiona, Auto, Oberhexe, Tusnelda, Knall, Hexen, Auto, Reisigbesen, Motor, Lenkrad, Hexe, Fiona

61

Menschen: Bäcker, Kind, Julia
Pflanzen: Tulpe, Tanne, Blume
Tiere: Wurm, Wolf, Hamster
Dinge: Tasche, Buch, Dach

62

Markiere: Friede, Liebe, Mut, Glück, Freude, Wut, Angst, Trauer, Stolz, Spaß

63

a) Unterstreiche: Vater, Sohn, Eiche, Baumhaus, Brett, Werk, Tag
b) ein Vater – der Vater, ein Sohn – der Sohn, eine Eiche – die Eiche, ein Baumhaus – das Baumhaus, ein Brett – das Brett, ein Werk – das Werk, ein Tag – der Tag

64

der Brief, die Stadt, die Ruine, der Mond, das Gespenst, das Feuer, das Eis

65

der: Wecker, Baum, Postbote, Hund, Stuhl
die: Zahl, Ente, Rakete, Nummer, Blume
das: Jahr, Auto, Huhn, Kind

66

a) die Bergsteiger – der Bergsteiger
b) die Straßenbahnen – die Straßenbahn
c) die Krankenwagen – der Krankenwagen
d) die Flugzeuge – das Flugzeug
e) die Frachtschiffe – das Frachtschiff
f) die Leuchttürme – der Leuchtturm

67

der Kopf – die Köpfe, die Mühe – die Mühen, das Hochhaus – die Hochhäuser,
die Ängste – die Angst,
die Brücke – die Brücken, die Dörfer – das Dorf,
der Löffel – die Löffel,
die Gedanken – der Gedanke,
die Witze – der Witz
ohne Singular: die Ferien
ohne Plural: das Obst, der Schnee, das Glück, die Ruhe

68

Unterstreiche: Sie, Es, Er, du, Ich, ich, Wir

69

a) Sie sitzen im Auto.
b) Er bellt nur ganz selten.
c) Es umarmt seine Mutter.
d) Sie begrüßt die Feriengäste.
e) Wir spielen Klavier.

70

Papa und Mama freuen sich auf das nächste Wochenende. Sie wollen mit mir einen Ausflug machen. Der Eintritt in den Erlebnispark ist mein Geburtstagsgeschenk. Wenn meine Schwester Victoria mich nicht ärgert, darf sie mitkommen. Mein Freund Max beneidet mich um diesen Besuch. Auch er möchte schon lange dort hin. Max und Laura meinten neulich: „Du hast einfach tolle Eltern!“ Schnell entgegnete ich: „Ihr könnt euch doch auch nicht beklagen!“ Meine Freunde haben recht, Mama, Papa, Victoria und ich sind ein tolles Team. Meistens halten wir zusammen.

71

a) Ich gehe mit ihm schwimmen.
b) Er gibt es ihnen.
c) Sie sah ihn.
d) Nach der Pause gibt sie ihm die Tasche.
e) Wir wollen mit ihnen spielen.

72

Kreuze an: ausbrechen, besteigen

73

a) die Züchterin – züchten
b) die Belohnung – belohnen
c) die Freude – freuen
d) der Wunsch – wünschen
e) das Futter – füttern
f) die Klingel – klingeln
g) die Wäsche – waschen
h) das Segel – segeln

74

a) rollen, blühen, scheinen, singen, grunzen, bellen, fliegen, knattern
b) Fiona singt. Ein Hund bellt. Das Rad rollt. Die Sonne scheint. Die rote Tulpe blüht. Das Flugzeug fliegt.

75

ich	koche	lerne	stricke
du	kochst	lernst	strickst
er, sie, es	kocht	lernt	strickt
wir	kochen	lernen	stricken
ihr	kocht	lernt	strickt
sie	kochen	lernen	stricken

76

Morgens geht sie mit ihm spazieren. Oft läuft sie mit ihm um die Wette. Manchmal streichelt sie ihn ganz sanft und schmust ein wenig mit ihm. Wenn Löwe zu schmutzig ist, badet sie ihn. Jeden Nachmittag spielt sie mit Löwe im Garten.

77

a) Unterstreiche: schrieb, steckte, klebte, lief, warf, kam, leerte
b) Dora schreibt einen Brief an ihre Freundin. Anschließend steckt sie ihn in einen Umschlag und klebt eine Briefmarke darauf. Schnell läuft sie zum nächsten Briefkasten und wirft ihn hinein. Kurz darauf kommt der Postbote und leert den Briefkasten.

78

Gegenwart	**1. Vergangenheit**	**2. Vergangenheit**
er lacht	er lachte	(er hat gelacht)
(er weint)	er weinte	er hat geweint
er schreibt	(er schrieb)	er hat geschrieben
er liest	er las	(er hat gelesen)
(er mag)	er mochte	er hat gemocht
er bringt	er brachte	(er hat gebracht)
er läuft	(er lief)	er ist gelaufen
(er rennt)	er rannte	er ist gerannt
er springt	er sprang	(er ist gesprungen)
(er ist)	er war	er ist gewesen

79

a) Schnee ist weiß.
b) Steine sind hart.

zu Übung 79:

c) Ein Kreis ist rund.
d) Tomaten sind rot.
e) Max ist groß.
f) Der Rabe ist schwarz.

80

a) Verbinde: jung – alt; lustig – traurig; hell – dunkel; mutig – ängstlich; kurz – lang; dumm – klug; gesund – krank; schön – hässlich
b) schnell – langsam, groß – klein, hart – weich, laut – leise, neu – alt, faul – fleißig

81

a) das heiße Wetter
b) das müde Mädchen
c) der laute Verkehr
d) die alte Stadt
e) die enge Straße

82

a) Er ist grasgrün.
b) Sie ist zitronengelb.
c) Sie ist messerscharf.
d) Er ist himmelblau.

83

Unterstreiche: kleine, alten, älter, älteste

84

Verbinde: hoch, höher, am höchsten;
gut, besser, am besten;
gern, lieber, am liebsten

78

tief, tiefer, am tiefsten;
dünn, dünner, am dünnsten;
warm, wärmer, am wärmsten;
kalt, kälter, am kältesten;
lustig, lustiger, am lustigsten;
groß, größer, am größten

85

a) Julias Haare sind länger als Leos Haare.
b) Leos Ohren sind größer als Julias Ohren.
c) Leos Mund ist breiter als Julias Mund.
d) Julias Augen sind größer als Leos Augen.
e) Julias Nase ist kleiner als Leos Nase.

86

a) Rom ist größer als Köln.
b) Anna ist so alt wie Tim.
c) Der Rhein ist länger als die Mosel.
d) Peter ist so groß wie Karin.
e) Meine Mutter ist jünger als mein Vater.
f) Uli läuft genauso schnell wie Jakob.

87

Unterstreiche: viel, ein, mehrere, vier, ein paar, acht, viele, einige, zwei, fünf, zehn

88

bestimmte Zahlwörter:
neun, sechs, fünf, drei, zehn, dreißig
unbestimmte Zahlwörter:
viele, einige, mehrere, ein paar

90

ZWIEBEL: wie; BADEWANNE: wann; ZWERG: wer; WASSER: was; WOHNUNG: wo

91

a) 1 – c; 2 – d; 3 – b; 4 – a;
b) Unterstreiche: 1) Wann, 2) Wo, 3) Wie, 4) Wer

92

In der Schule gibt es heute etwas Neues zu bestaunen. Im großen Aquarium tummeln sich zwei prächtige Welse. Die Eltern der Kinder haben die Tiere gestiftet.

93

a) Gegenteil von oben: unten
b) Frucht des Birnbaums: Birne
c) Sie stehen an vielen Kreuzungen: Ampeln
d) Bei Gewitter gibt es Blitze.
e) Schlecht riechen: stinken
f) Größer werden: wachsen
g) Greifwerkzeug: Zange
h) Zimmer haben Wände.

94

a) der Weltmeister
b) die Lokomotive
c) der Fernseher
d) das Rechtschreiben
e) der Regenbogen
f) die Waschmaschine
g) die Hausaufgabe
h) die Sommerferien

95

a) ent-schei-dung, ent-lass-ung, ver-säum-nis, ver-geb-ung, er-geb-nis
b) Entscheidung, Entlassung Versäumnis, Vergebung Ergebnis

96

Vernehm~~heit~~: Vernehm<u>ung</u>
(~~Ver~~nehmheit: <u>Vor</u>nehmheit)
Besprech~~nis~~: Besprech<u>ung</u>
Gegeben~~keit~~: Gegeben<u>heit</u>
Endergeb~~ung~~: Endergeb<u>nis</u>
Pünktlich~~heit~~: Pünktlich<u>keit</u>
Gescheh~~ung~~: Gescheh<u>nis</u>
Blöd~~nis~~: Blöd<u>heit</u>
~~Ver~~täuschung: <u>Ent</u>täuschung
Erleb~~ung~~: Erleb<u>nis</u>
Klug~~nis~~: Klug<u>heit</u>

97

Motor + Rad = das Motorrad;
voll + Mond = der Vollmond;
Gespenster + Geschichte = die Gespenstergeschichte;
Sonne + n + Brille = die Sonnenbrille;
fahr(en) + Rad = das Fahrrad;
lese(n) + Buch = das Lesebuch

98

a) die Windjacke: der Wind, die Jacke
b) der Lastwagen: die Last, der Wagen
c) das Motorboot: der Motor, das Boot
d) die Autobahn: das Auto, die Bahn
e) die Schranktür: der Schrank, die Tür

99

die Haustiere, die Märchenbücher, die Autobahnen, die Wetterfrösche, die Handballer, die Spielplätze, die Arztpraxen, die Feuerwehrschläuche, die Kindergärten

100

a) rot + blau = rotblau;
b) grün + gelb = grüngelb;
c) Stein + hart = steinhart;
d) Bär + en + stark = bärenstark;
e) Messer + scharf = messerscharf;
f) Schnee + weiß = schneeweiß

101

zitronengelb, pechschwarz, himmelblau, grasgrün, kastanienbraun, feuerrot

102

unterschreiben, unterbringen, untergehen;
zurückführen, zurücklaufen, zurückgehen;
überfahren, überfallen, übergeben

103

a) warmlaufen
b) fernsehen
c) tiefkühlen
d) festhalten
e) festkleben
f) stillstehen

104

a) Tiefschnee: tief – der Schnee
b) Singstunde: singen – die Stunde
c) Frühkartoffel: früh – die Kartoffel
d) Wildpferd: wild – das Pferd
e) Wasserfall: fallen – das Wasser
f) Schneewehe: wehen – der Schnee
g) Halbmond: halb – der Mond
h) Reisefieber: reisen – das Fieber

105

Nomen: Schwertfisch, Sitzbank, Eckschrank
Verben: vorstellen, fortlaufen, ausfüllen
Adjektive: blauweiß, pfeilschnell, himmelblau

106

a) blutrot, eiskalt, messerscharf, schneeweiß, blitzschnell
b) bettelarm, reißfest
c) nasskalt, süßsauer, superschlau, bitterkalt

107

gemein + schaft = Gemeinschaft;
Herr + schaft = Herrschaft;
Land + schaft = Landschaft;
Wirt + schaft = Wirtschaft

108

krank + heit = Krankheit;
dunkel + heit = Dunkelheit;
faul + heit = Faulheit;
dumm + heit = Dummheit;
sparsam + keit = Sparsamkeit;

zu Übung 108:
dankbar + keit = Dankbarkeit;
fröhlich + keit = Fröhlichkeit;
ehrlich + keit = Ehrlichkeit;
traurig + keit = Traurigkeit

109

-ig: fleckig, sonnig, steinig, lustig, ölig, giftig, sandig;
-lich: gemütlich, herbstlich, abendlich, sportlich, glücklich

110

ver-: verstecken, verstehen, verrechnen, verkaufen, verschreiben, verschlafen;
ent-: entlassen, entdecken, entkommen, entführen, entstehen, entkleiden

111

bauen: anbauen, umbauen, aufbauen, Bau, Bauwerk, Neubau, Baustelle
fahren: Fahrbahn, abfahren, verfahren, Fähre, Fuhrwerk, gefahren, er fährt

112

Beispiele: gießen, hageln, nieseln, plätschern, platschen, prasseln, rinnen, schneien, schütten, sprühen, strömen, tropfen

113

sehen: starren, schauen, betrachten;
gehen: hüpfen, laufen, schleichen;
sprechen: rufen, fragen, flüstern

114

sehen: schauen, starren, blicken, gucken, spähen, betrachten
sprechen: reden, rufen, flüstern, murmeln, plappern, bemerken
gehen: trippeln, hasten, laufen, hüpfen, rennen, eilen

115

Aussagesätze (grün) sind:
Das Gespenst saß gestern auf der Kiste.
Lore geht traurig ins Bett.
Fragesätze (rot) sind:
Wie geht Lore ins Bett?
Wo saß es gestern?
Wer sitzt auf der Kiste?
Aufforderungssätze (blau) sind: Setz dich! Geh ins Bett!
Gib mir bitte den Stift!
Bitte, lass das!

116

a) Die Sonne scheint.
b) Komm her, mach schnell!
c) Gib mir dein Heft!
d) Woher kommt das Auto?
e) Lauf, hol dir den Ball!
f) Halt bitte die Tasche auf!
g) Willst du einen Apfel?
h) Sei endlich still!
i) Geht ihr mit uns schwimmen?
j) Was hast du gesagt?
k) Wann fahrt ihr nach Hause?
l) Geh schneller!
m) Die Kinder stehen vor dem Kino.

zu Übung 116:
n) Lore und Felix haben Hunger.
o) Der Vampir segelte durch die Luft.

117

Wo wohnst du? Gib mir bitte das Buch! Komm schnell her! Jan ist krank. Lars hat Durst. Wie heißt du? Wer ist dein Bruder? Gleich ist die Pause vorbei.

118

Opa Waldemar liegt lange im Liegestuhl.
Im Liegestuhl liegt Opa Waldemar lange.
Lange liegt Opa Waldemar im Liegestuhl.

119

Im Gartenhäuschen sucht sie eine Schere. Mit der Schere schneidet sie einige Blumen ab. Die Blumen bringt sie schnell ins Haus. Im Zimmer stellt sie diese in eine Vase. Die Vase mit den Blumen zeigt sie ihrer Oma.

120

Satzgegenstand:
a) Die Kinder
b) Sie
c) Kai und ich
d) wir

121

Unterstreiche:
a) Der Buntstift
b) ich
c) Wir
d) ein Ball
e) Rebecca
f) Ihr

122

a) Die Sonne scheint heute sehr heiß.
b) Ich sitze auf einem Apfelbaum.
c) Eine Birne fällt vom Birnbaum.
d) Die Katze fängt eine Maus.
e) Klaus malt ein Bild.
f) Wir essen Kuchen.

123

Markiere so: Die Klasse 3 b verkauft alte Kinderbücher.
Susi und Jan schreiben ein Plakat.
Die Schnecken fressen Blumen.
Claras Freundin sucht eine Schere.
Jonas füttert seine kleine Schwester.

124

a) Hera und ich kochen Nudeln.
b) Daniel packt seinen Rucksack.
c) Der Fisch schwimmt im Aquarium.
d) Lauft nach Hause!
e) Die Glocken läuten um 12 Uhr.
f) Gehen die Kinder zu einer Gartenparty?

125

(Der Satzgegenstand ist hier markiert, die Satzaussage ist unterstrichen):

a) Jeremias und Dora fahren morgen ins Zeltlager.
b) Basteln Kai und ich eine Wanduhr oder einen Burgturm?
c) Anna läuft schnell zum Supermarkt.
d) Im Sommer besuchen wir unsere Freunde auf der Insel Juist.
e) Wartet Tim an der Ampel?
f) Opa Waldemar fliegt allen davon.
g) Fliegt die Rakete zum Mond?
h) Der Indianer schwingt das Lasso.
i) Maya bastelt eine Ritterburg.
j) Kommt nicht zu spät!

126

Der Vogel flattert in seinem Käfig.
Das Schiff fährt in den Hafen.
Die Katze fängt eine Maus.
Anna strickt einen roten Pulli.

127

Pauls Vater repariert den Rasenmäher.
Das Flugzeug fliegt eine Warteschleife.
Die Löwinnen jagen eine Antilope.

2. Schuljahr

128

Unterstreiche grün: Leon, Vater, Stadt, Marokko, Marktplatz, Esel, Weg, Menschenmenge, Leon, Gedränge;
Unterstreiche rot: Gassen, Blüten, Früchten, Gewürzen, Apfelsinen, Aprikosen, Datteln, Feigen, Jungen, Kisten, Köpfen, Geräuschen, Düften

129

a) das Haus – die Häuser
b) das Schloss – die Schlösser
c) die Gans – die Gänse
d) die Dose – die Dosen
e) der Schuh – die Schuhe
f) das Pferd – die Pferde
g) die Birne – die Birnen
h) der Tisch – die Tische
i) der Delfin – die Delfine
j) der Apfel – die Äpfel

130

a) und b) Kreise ein und schreibe so: die Freude, das Glück, der Trotz, die Klugheit, die Dummheit, die Frechheit, die Hoffnung, die Liebe, die Angst

131

Felix und Lena gehen heute ins Theater.
Laura und Lucca bereiten die Segeljolle vor.
Herr Meier kontrolliert die Hausaufgaben.

132

a) Wessen Bruder ging gestern ins Kino?
b) Wer putzt sein Motorrad?
c) Wessen Brille hat Jan eben gefunden?
d) Wer deckt den Tisch?
e) Wer lief davon?
f) Wessen Roller lag im Hof?
g) Wessen Zähne sind spitz?

133

a) 1. Fall
b) 2. Fall
c) 3. Fall
d) 4. Fall
e) 1. Fall
f) 2. Fall
g) 2. Fall
h) 1. Fall
i) 1. Fall
j) 4. Fall

134

a) Der Jäger beobachtete den kranken Fuchs.
b) Der Kellner dankte dem Gast für das Trinkgeld.
c) Der Lastwagenfahrer prüfte den Luftdruck der Räder.
d) Die Pilze sammelte die Familie Schnock gestern.
e) Florian hilft dem Opa im Garten.
f) Julian zeigt den Freunden das Versteck.

135

Vor der Formel-1-WM trafen sich die Rennfahrer aller Länder. Der Rennfahrer des italienischen Teams war den Reportern gut bekannt, denn er stammt aus Deutschland. Sie stellten dem Fahrer viele Fragen und schossen zahlreiche Fotos. Das Abschiedsfoto des Rennfahrers wurde in allen Zeitungen abgedruckt, sodass das Gesicht des Deutschen in den Ländern der ganzen Welt bekannt wurde.

136

a) Wem geben Kevin und Louis eine CD?
b) Wem schreibt Clara einen langen Brief?
c) Wem half Vera in die Straßenbahn?

137

Unterstreiche: Wir, dich, du, uns, ich, meinen, deinen, ihr, uns, Sie, ihr, Er, wir, Sie

138

Sehr geehrter Herr Zwerg,
wie mir mein Spiegel verriet, halten Sie in Ihrem Haus hinter den sieben Bergen meine Stieftochter gefangen. Eigentlich hatte ich meinen Jäger beauftragt, sie in den Wald zu bringen. Wie Schneewittchen nun zu Ihnen gekommen ist, weiß ich leider nicht. Mein Mann und ich möchten unsere Tochter baldmöglichst wiederhaben. Sorgen Sie dafür, dass die Prinzessin bis morgen früh um neun wieder bei uns/mir im Schloss ist, sonst sehe ich mich gezwungen, meinen Jäger nochmals

zu Übung 138:
zu schicken. Diesmal bringt er dann allerdings sein Gewehr mit. Außerdem habe ich in meiner Küche noch einige Äpfel vorbereitet, die Ihnen ordentlich den Magen verderben könnten, wenn Sie nicht tun, was ich von Ihnen wünsche.

139

Verbinde: Lisa – sie, Felix – er, Kai und ich – wir, das Baby – es, du und Susi – ihr, Beo und Tina – sie, Vaters Tasche – seine (Tasche), Lisas Roller – ihr (Roller), Kais und Monis Ball – ihr (Ball)

140

Ruhelos schleicht der Tiger in seinem Käfig hin und her. Er träumt von den Wäldern Asiens, während die Zuschauer ihn neugierig betrachten. Endlich bringt ihm der Wärter seine Mahlzeit. Das Affenkind schaukelt an einem Seil. Plötzlich gibt ihm die Affenmutter einen Klaps. Dann schnappt sie es und beginnt sein Fell zu lausen. Die Bärin schläft, während ihr Junges auf einem Baumstamm turnt. Schließlich will der Kleine mit ihr spielen. Aber sie brummt nur.

141

Wer hat dem Onkel geschrieben?
Wem soll er zurückschreiben?
Wen lädt er vielleicht wieder ein?

142

Unterstreiche: ruft, kann, schwimmen, rudern, reiten, lesen, will, spiele, klettere, spaziere, freut, beschließt, basteln, zaubern, backen, boxen, regnet, fernsehen, malen, schlafen

143

ich schreibe, du schreibst, er/sie/es schreibt, wir schreiben, ihr schreibt, sie schreiben;
ich laufe, du läufst, er/sie/es läuft, wir laufen, ihr lauft, sie laufen;
ich esse, du isst, er/sie/es isst, wir essen, ihr esst, sie essen;
ich schwimme, du schwimmst, er/sie/es schwimmt, wir schwimmen, ihr schwimmt, sie schwimmen

144

a) 1. Vergangenheit oder Imperfekt
b) 2. Vergangenheit oder Perfekt
c) Zukunft oder Futur
d) Gegenwart oder Präsens

145

malen, ich male, ich malte, ich werde malen;
wandern, ich wandere, ich wanderte, ich werde wandern;
schlafen, ich schlafe, ich schlief, ich werde schlafen

146

malen, ich habe gemalt;
wandern, ich bin gewandert;
schlafen, ich habe geschlafen

147

Vor einigen Jahren erschien der erste Band zu Harry Potter. Damit begann Joanne K. Rowlings Karriere als Autorin. Sie hat immer schon gerne Geschichten geschrieben. Vor dem ersten Band hatte sie schon das Ende des letzten Bandes verfasst. Viele Kinder auf der ganzen Welt lesen gerade einen Harry-Potter-Band. Ob die sieben Bände wohl auch so einen dauerhaften Erfolg haben werden wie andere Kinderbuchklassiker?

148

Unterstreiche: schön, sonnig, gut, blauen, kleinen, weißen, froh, trüben, dicken, dichtem, grauem, heftige, schwere, herrliche, warme

149

a) Eine Feder ist leicht.
b) Der Himmel ist blau.
c) Die Rakete ist schnell.
d) Die Sonne ist hell.
e) das gelbe Stroh
f) der süße Honig
g) das kleine Baby
h) die spitze Nadel

150

a) Gesundheit: gesund
b) Übelkeit: übel
c) Blindheit: blind
d) Buntstift: bunt
e) Glatteis: glatt
f) Macht: mächtig
g) Genialität: genial

151

alt, älter, am ältesten;
klug, klüger, am klügsten;
wild, wilder, am wildesten;
eng, enger, am engsten

152

Der Papgei ist klug. – der kluge Papgei
Der Affe ist klüger. – der klügere Affe
Der Delfin ist am klügsten. – der klügste Delfin
Tante Helgas Kuchen ist fein. – der feine Kuchen
Mamas Kuchen ist feiner. – der feinere Kuchen
Omas Kuchen ist am feinsten. – der feinste Kuchen

153

Der Turm ist höher als das Haus.
Die Nadel ist spitzer als der Bleistift.
Der Ball ist dicker als der Luftballon.

154

Mein Vetter ist so listig wie ein Fuchs. Meine Mutter ist so fleißig wie eine Biene. Mein Vater ist so stark wie ein Bär.

155

a) so bunt wie ein Schmetterling

zu Übung 155:

b) heller als die Sonne
c) hungrig wie ein Löwe
d) groß wie ein Baum
e) älter als Methusalem
f) größer als ein Baum
g) dunkler als die Nacht
h) dumm wie Stroh
i) länger als drei Meter
j) grüner als Gras
k) schnell wie ein Hase
l) schuppig wie ein Fisch
m) schlauer als ein Fuchs
n) grün wie Gras
o) spannend wie ein Krimi
p) schlau wie ein Fuchs

156

a) Bergspitze: Berg + Spitze,
b) federleicht: Feder + leicht
c) hellrot: hell + rot
d) vorbeischauen: vorbei + schauen
e) Lastwagen: Last + Wagen
f) nachlaufen: nach + laufen

157

aus Nomen und Nomen:
das Haus + die Tür = Haustür
der Tisch + die Lampe = Tischlampe,
die Sonne(n) + der Schirm = Sonnenschirm,
aus Verb und Nomen:
rennen + das Pferd = Rennpferd,
lesen + das Buch = Lesebuch,
waschen + die Maschine = Waschmaschine,
aus Adjektiv und Nomen:
rot + der Wein = Rotwein,
bunt + der Stift = Buntstift,
klein + der Bauer = Kleinbauer,
spitz + die Hacke = Spitzhacke

158

a) das Licht + der Strahl = der Lichtstrahl
b) der Regen + die Wolke = die Regenwolke
c) das Zimmer + der Schlüssel = der Zimmerschlüssel

159

a) die Hüft(e) + das Gelenk = das Hüftgelenk
b) der Drache + das Baby = das Drachenbaby
c) das Kind+(er) + das Zimmer = das Kinderzimmer
d) die Arbeit+(s) + der Lohn = der Arbeitslohn

160

a) rotblau, b) hellblau,
c) zurücklaufen, d) fortfahren,
e) widerstehen, f) feuerrot

161

a) unheimlich – Heim
b) Mitschüler – Schüler
c) malerisch – Maler
d) bewohnbar – wohnen
e) erfinderisch – finden
f) Frühling – früh
g) dankbar – danken
h) unendlich – Ende
i) Unordnung – ordnen
j) Zeichnung – zeichnen

162

vorgeben, Vorgabe; vorgehen, Vorgang; vortragen, Vortrag

zu Übung 162:
entnehmen, Entnahme; entscheiden, Entscheidung; entziehen, Entzug
abfahren, Abfahrt; abgeben, Abgabe; absprechen, Absprache
weggehen, Weggang; wegfahren, Wegfahrt; wegfallen, Wegfall

163

a) ausgeben, begeben, angeben, nachgeben
b) ausdenken, bedenken, andenken, nachdenken
c) entstehen, ausstehen, bestehen, anstehen, nachstehen
d) ausgucken, begucken, angucken, nachgucken

164

Beispiele:
ent-: entziehen, entdecken, entziffern, entsprechen, entkleiden, entnehmen
un-: undenkbar, unausstehlich, unmenschlich
aus-: ausgeben, ausziehen, aushandeln, aussuchen, ausdenken, auslachen, aussprechen, ausrutschen, auskleiden, ausnehmen, ausschauen
be-: begeben, bezweifeln, beruhigen, beziehen, bedecken, behandeln, besuchen, bedenken, beziffern, besprechen, bekleiden, benehmen, beachten, beschauen
miss-: missverstehen, misshandeln, missachten
an-: angeben, anzweifeln, anziehen, ansprechen, ankleiden, annehmen, anschauen
nach-: nachgeben, nachziehen, nachsuchen, nachdenken, nachsprechen, nachrutschen, nachahmen, nachschauen

165

-heit: Gesundheit, Schwachheit, Krankheit, Dummheit, Klugheit, Sicherheit
-keit: Tapferkeit, Sauberkeit, Ehrlichkeit, Übelkeit, Sparsamkeit

166

-ung: genesen – Genesung, planen – Planung, beziehen – Beziehung, teilen – Teilung, bluten – Blutung, wohnen – Wohnung, retten – Rettung, rund – Rundung
-schaft: Mann – Mannschaft, gefangen – Gefangenschaft, Freund – Freundschaft, bekannt – Bekanntschaft, wissen – Wissenschaft, wandern – Wanderschaft, Feind – Feindschaft, Meister – Meisterschaft

167

finster: Finsternis, eitel: Eitelkeit, eignen: Eignung, ereignen: Ereignis, freundlich: Freundlichkeit, heizen: Heizung, erziehen: Erziehung, einig: Einigung, begeben: Begebenheit, verlegen: Verlegenheit

168

Glück: glücklich,
lang: länglich,
Durst: durstig,
kosten: köstlich,
Ende: endlich,
rutschen: rutschig,
Schmerz: schmerzlich,
Art: artig,
Kritik: kritisch,
Furcht: fürchterlich,
Sturm: stürmisch,
Tier: tierisch,
folgen: folglich,
Gefahr: gefährlich

169

Wunder: wunderbar, wundersam;
Furcht: furchtbar, furchtlos, furchtsam;
Schmerz: schmerzhaft, schmerzlos;
Fehler: fehlerhaft; fehlerlos;
Zahl: zahlbar, zahllos

170

nachdenklich: denken, nachdenken;
gebräuchlich: brauchen, gebrauchen;
abfällig: fallen, abfallen;
hilflos: helfen;
undankbar: danken;
gebrechlich: brechen;
endlich: enden

171

Abfahrt: fahren (abfahren);
Entnahme: nehmen (entnehmen);
Vorgang: gehen (vorgehen);
Aufsatz: setzen (aufsetzen);
Umzug: ziehen (umziehen);
Vortrag: tragen (vortragen)

172

Ärmel – Arm, Rätsel – Rat, hässlich – Hass, Leid – leiden, endlich – Ende, Däumling – Daumen, kommt – kommen, läuten – Laut, er fiel – fallen, Stühlchen – Stuhl

173

Dieselbe Farbe haben:
abfahren, Fähre, Gefahr;
schreiben, Schreibheft, Schrift;
lachen, lachhaft, Gelächter;
greifen, Griff, Angreifer;
meinen, Meinung, gemein;
träumen, Traum, verträumt;
sagen, Sage, Absage

174

zu bauen gehören: Bauer, Bäuerin, Bau, einbauen, Gebäude, Baustelle, aufbauen;
durchgestrichen werden: Gebirge, Bauch, bald, Blick, blicken, Bild, Bäume, Berg

175

stellen: abstellen, Stellplatz, bestellen, zweistellig, Arbeitsstelle, Stelle, feststellen, Haltestelle;
fallen: Fall, durchfallen, Überfall, schwerfällig, gefällig, Gefälle, Falltür, zufällig, Wasserfall, Einfall

176

Beispiele:
schlagen: klopfen, hauen;
fassen: greifen, nehmen, halten;
fahren: bewegen, rollen, rasen;
singen: trällern, zwitschern;
suchen: nachschauen, auffinden;
malen: färben, gestalten

177

Unterstreiche rot: Gehen wir auch zu den Raubtieren? Soll ich ihn zurückholen? Wo? Wo ist sie denn?
Unterstreiche grün: Halt, halt! Komm sofort zurück! Vorsicht, Samuel, eine Wespe! Pass auf, dass du nicht gestochen wirst!

178

a) A: Zu voll ist der Koffer.
   F: Ist der Koffer zu voll?
b) A: Wie im Fluge vergeht der Tag.
F: Vergeht der Tag wie im Flug?
a) A: Nächstes Wochenende kommt Opa.
   F: Kommt Opa nächstes Wochenende?

179

Hast du Lenny gesehen? Oh, wie schön! Komm endlich! Heute ist es heiß. Wann kommst du? Hilfe, Hilfe! Seid leise! Die Sonne scheint. Wie geht es dem Baby? Ach, du Schreck! Laura malt ein Bild. Schläft Opa Waldemar? Gib mir bitte das Salz! Hör auf damit! Die ganze Familie ist im Kino. Oh weh, ich habe mich verbrannt!

180

a) Die Blumen blühen.
b) Im Sommer fährt Familie Schulz an die See.
c) Maria spielt im Garten.
d) Gestern gab er mir ein Geschenk.
e) Markus liest ein Buch.

181

Kreise ein (grün markiert):
a) Die Sonne scheint.
b) Gestern bauten die Kinder eine Sandburg.
c) Lena schreibt eine Geschichte.
d) Ich sitze in der Küche.

182

a) Das Kind liest ein Buch.
b) Wir rufen dich an.
c) Der große Hund knurrt.
d) Ich besuche dich morgen.

183

a) Peter trinkt Milch.
b) Die Kühe fressen Gras.
c) Die Lampe leuchtet.
d) Ihr kommt hoffentlich morgen.
e) Sara schreibt eine Geschichte ab.
f) Ich hole dich ab.
g) Lena hat gestern Geige gespielt.

184

a) Vater sitzt auf dem Sofa.
b) Die Kinder stellen das Indianerzelt auf.
c) Viele Leute nehmen an der Feier teil.
d) Spät am Abend gehen sie heim.
e) Sie hatte ihre Schulaufgaben schnell gemacht.
f) Morgen werden sie nach Spanien fliegen.
g) Die Butter steht auf dem Tisch.
h) Es regnet seit Tagen.
i) Felix kommt heute zurück.

185

Der Spaceshuttle kam von seinem Ausflug ins All zurück. Er holte zwei Astronauten von der Raumstation ISS ab. Zum ersten Mal flog eine Touristin mit. Sie stellte fest, wie anstrengend so ein Weltraumflug sein kann.

186

a) Klaus malt ein Bild.
b) Die Kinder verfolgen den Räuber.
c) Jule liest ein spannendes Buch.
d) Max öffnet ein Fenster.
e) Obelix streichelt seinen kleinen Idefix.
f) Lisa schreibt einen Satz.
g) Asterix trinkt den Zaubertrank.
h) Mutter fotografiert uns.

187

a) Wir helfen dem gestürzten Jungen.
b) Die Kinder gehorchen der Mutter.
c) Der Polizist folgte dem Dieb.
d) Es tut mir leid.
e) Sie begegnete der Nachbarin nur selten.

188

Unterstreiche
die Wen-Ergänzungen (rot):
a) meine Tante,
c) den Ritter,
d) ihren Nachbarn,
f) ihn;
die Wem-Ergänzungen (blau):
b) ihm,
e) ihm

189

a) Wem gibt Janosch einen Stoß? – dem Ball
b) Wem fliegt das runde Leder um die Ohren? – dem Torwart
c) Wem hört der Torschütze zu? – dem Jubel
d) Wem hat das Tor den Sieg gebracht? – der Mannschaft
e) Wem danken die Spieler für deren Taktik? – ihren Trainern

190

Subjekt blau (hier grün markiert), Prädikat rot (hier unterstrichen) und Objekte grün unterstrichen:

zu Übung 190:

Ein heftiger Wind verdirbt den Kindern die Ferienlaune.
Wer oder was verdirbt den Kindern die Ferienlaune?
Ein heftiger Wind.

a) In diesem Fall freuen sich die Jungen auf Besuch von ihren Kusinen.
Wer oder was freut sich auf den Besuch von ihren Kusinen? Die Jungen.
b) Lena und Linda zelten ganz in der Nähe bei einem Bauern.
Wer oder was zeltet ganz in der Nähe bei einem Bauern? Lena und Linda.
c) Bestimmt überraschen sie Jasha und Joris mit ihrem Kommen.
Wer oder was überrascht Jasha und Joris mit ihrem Kommen? Sie.
d) Gemeinsam erkunden sie die Insel Mainau.
Wer oder was erkundet gemeinsam die Insel Mainau? Sie.

191

a) Wo spielt Klaus?
b) Wohin läuft Lisa?
c) Wann kommen Jan und Mia?
d) Wo sitzt die Katze?
e) Wohin klettert die Katze?
f) Wann frühstückt Tobi?

192

Unterstreiche die Ortsangaben (grün): auf dem Apfelbaum, auf die Mauer, dort, auf den Baum;
Unterstreiche die Zeitangaben (blau): gestern, morgen, morgen Nachmittag

193

Unterstreiche die Ortsangaben (grün): hier, am Fenster, dort, in der Küche, hinaus, in den Wald, auf dem Gras;
die Prädikate (rot): sitzt, stehen, spielt, sitzen, gehen, gehen, liegen;
die Subjekte (blau): Er, Die Kinder, Kai, Sie, Wir, Wir, Sie

194

a) Wie läuft Paula? Paula läuft schnell.
b) Wie füttert Kai sein Schwesterchen? Er füttert es liebevoll.
c) Wie reinigt Herr Franzen sein Auto? Er reinigt es gründlich.

195

a) Florian läuft schnell zum Bäcker.
b) Sie faltet die Handtücher ordentlich zusammen.
c) Herr Klem putzt die Fenster sehr gründlich.
d) Vorsichtig überqueren sie den Gletscher.

196

Unterstreiche
lila: auf der Wiese, im Wind, an einen anderen Ort;

zu Übung 196:
orange: im Herbst, Ende September, im Sommer;
gelb: giftig, wie ein Propeller, ruhig

197

Kreise ein (hier grün markiert):
a) Die Feuerwehr kommt. 2
b) Ein Auto hupt vor dem Haus. 3
c) Ich gehe jeden Tag zur Schule. 4
d) Gestern schrieb ich meinem Vetter einen langen Brief. 5

198

a) Hanna radelt.
Hanna radelt spät.
Hanna radelt spät nach Hause.
Hanna radelt jeden Tag spät nach Hause.
b) Subjekt und Prädikat sind für den Satz am wichtigsten.

199

a) Pia schenkte gestern ihrer Freundin ein spannendes Buch.
Gestern schenkte Pia ihrer Freundin ein spannendes Buch.
Ein spannendes Buch schenkte gestern Pia ihrer Freundin.
Ihrer Freundin schenkte Pia gestern ein spannendes Buch.
b) Jedes Jahr fährt die Familie Klem mit viel Gepäck an die See.
Mit viel Gepäck fährt die Familie Klem jedes Jahr an die See.
Die Familie Klem fährt jedes Jahr mit viel Gepäck an die See.
An die See fährt Familie Klem jedes Jahr mit viel Gepäck.
c) Das Prädikat steht immer an zweiter Stelle.

200

Unterstreiche die Satzaussage/das Prädikat (hier unterstrichen), markiere den Satzgegenstand/das Subjekt (hier grün markiert), umkreise die Satzergänzung/das Objekt (hier grau markiert):
Oma besitzt ein rotes Segelboot.
oder: Ein rotes Segelboot besitzt Oma.
Sie hat einen Segelschein gemacht.
oder: Einen Segelschein hat sie gemacht.
Oma hat eine grelle Schwimmweste gekauft.
oder: Eine grelle Schwimmweste hat Oma gekauft.
Die hat sie mir geschenkt.
oder: Sie hat mir die geschenkt.

Quellenverzeichnis:

Die Grammatikübungen für die 1. bis 4. Klasse
wurden folgenden Bänden entnommen:

„Mein großes Trainingsbuch Deutsch 1. Schuljahr“

„Mein großes Trainingsbuch Deutsch 2. Schuljahr“

„Grammatik 2. Schuljahr“

„Lernstandstests Deutsch 2. Schuljahr“

„Mein großes Trainingsbuch Deutsch 3. Schuljahr“

„Ich komme ins Gymnasium! Deutsch.
Der komplette Lernstoff 3. Schuljahr“

„Ich komme ins Gymnasium! Klassenarbeitstrainer Deutsch. 3. Schuljahr“

„Sicher in die Vergleichsarbeiten Deutsch, Mathematik 3. Klasse“

„Mein großes Trainingsbuch Deutsch 4. Schuljahr“

„Ich komme ins Gymnasium! Deutsch.
Der komplette Lernstoff 4. Schuljahr“

„Ich komme ins Gymnasium! Klassenarbeitstrainer Deutsch. 4. Schuljahr“

Mit Online-Übungen

Durchstarten in der Schule

Die Lernhilfen von Klett Lerntraining

Mein Übungsheft
Das kleine Einmaleins
2./3. Klasse
978-3-12-949120-4

Mein großes Trainingsbuch
Mathematik
2. Klasse
978-3-12-949364-9

Topfit in Klasse 4
Deutsch, Mathematik, Englisch
978-3-12-949372-4

Mein Test-Block
Rechtschreiben und Diktat
2. Klasse
978-3-12-949429-5

Mein Übungsheft
Aufsatz
4. Klasse
978-3-12-949167-6

Mein großes Trainingsbuch
Deutsch
3. Klasse
978-3-12-949294-9

Topfit in Klasse 2
Deutsch, Mathematik, Konzentration
978-3-12-949369-4

Mein großes Trainingsbuch
Mathe
4. Klasse
978-3-12-949293-2

Diese und weitere Klett-Lernhilfen sind im Buchhandel erhältlich.
Weitere Informationen unter **www.klett-lerntraining.de**